曲折的
职业道路

在终身工作时代
找准定位

［英］
海伦·塔珀（Helen Tupper）
莎拉·埃利斯（Sarah Ellis）
著

谢 天 译

The
Squiggly Career

Ditch the Ladder, Discover Opportunity,
Design Your Career

中国科学技术出版社
·北 京·

北京市版权局著作权合同登记　图字：01-2022-2178。

图书在版编目（CIP）数据

　　曲折的职业道路：在终身工作时代找准定位 /（英）
海伦·塔珀（Helen Tupper），（英）莎拉·埃利斯
（Sarah Ellis）著；谢天译 . — 北京：中国科学技术
出版社，2023.1
　　书名原文：The Squiggly Career:Ditch the Ladder,
Discover Opportunity, Design Your Career
　　ISBN 978-7-5046-9823-0

　　Ⅰ . ①曲⋯ Ⅱ . ①海⋯ ②莎⋯ ③谢⋯ Ⅲ . ①职业选
择—通俗读物 Ⅳ . ① C913.2-49

中国版本图书馆 CIP 数据核字（2022）第 199148 号

策划编辑	何英娇	责任编辑	申永刚
封面设计	马筱琨	版式设计	蚂蚁设计
责任校对	张晓莉	责任印制	李晓霖

出　　版	中国科学技术出版社
发　　行	中国科学技术出版社有限公司发行部
地　　址	北京市海淀区中关村南大街 16 号
邮　　编	100081
发行电话	010-62173865
传　　真	010-62173081
网　　址	http://www.cspbooks.com.cn

开　　本	880mm×1230mm　1/32
字　　数	164 千字
印　　张	8.25
版　　次	2023 年 1 月第 1 版
印　　次	2023 年 1 月第 1 次印刷
印　　刷	北京盛通印刷股份有限公司
书　　号	ISBN 978-7-5046-9823-0/C・212
定　　价	69.00 元

（凡购买本社图书，如有缺页、倒页、脱页者，本社发行部负责调换）

谨以此书献给加雷斯（海伦的丈夫）和汤姆（莎拉的伴侣），他们不懈的支持使本书得以完成。

另献给亨利、玛德琳（海伦的孩子们）和麦克斯（莎拉的儿子），感谢他们一路上带来的欢乐与感动。

名人推荐

这是一本极佳的指南。你可以从中获得现在和未来事业发展所需要的工具。

——玛莉·佛莱奥（Marie Forleo）
《纽约时报》顶级畅销书作家
著有《凡事皆有出路》（*Everything Is Figureoutable*）

大部分人从未花过一点时间去思考如何根据自己的兴趣塑造职业生涯。本书轻松地将一些令人畏惧的难题转化为简单而有益的思考，深深地打动了我。本书有如一对一的职业教练，当你读完它时，你必将实现巨大的个人突破。

——布鲁斯·戴斯利（Bruce Daisley）
推特（Twitter）欧洲副总裁
著有《工作的乐趣》（*The Joy of Work*）

这是一本实用且卓越的指南，适用于所有想要掌控自己职业生涯、发挥自身优势并根据自己的条件设计职业道路的人。曲折的职业道路确已成为新的常态。我会反复阅读这本书，如果在我初入职场时就有这本书就更好了！

——伊丽莎白·乌维比纳内（Elizabeth Uviebinené）
著有《在自己的轨道上拔得头筹》（Stay in Your Lane）

对于 21 世纪的任何专业人士来说，最大的目标就是拥有一个曲折的职业生涯。线性发展的时代已经成为过去。尝试新事物、解决问题和弥补缺陷的乐趣将代表未来工作的很多内容。曲折的职业生涯万岁！

——萨姆·康尼夫·阿连德（Sam Conniff Allende）
著有《海盗精神》（*Be More Pirate*）

这是一本创造属于自己的职业道路的必备指南。

——薇弗·格罗索（Viv Groskop），
著有《如何掌控全场》（*How to Own the Room*）

最好的职业道路都是曲折的。这听起来很有趣——实际上也的确如此，但它同时需要很多知识和思考，这就是本书所提供的内容。当我们在不同的职业道路上艰难前行时，这本书能给予我们指导。现在，我知道身边有不同年龄层的数十人都用得到它。

——玛格丽特·赫夫曼（Margaret Heffernan）
著有《盲目心理学》（*Wilful Blindness*）

这不是一本普通的商业作品。它的内容实用、简洁，专为个人设计，将彻底改变你对工作的看法。

——克里斯托·艾辛格（Crystal Eisinger）
谷歌公司广告营销战略总监

这是一本关于如何最大限度地提升工作乐趣和回报的好书。你先要了解自己和自己的价值观——通过简单的练习，深入思考自己是谁，以及想如何安排自己的工作时间。现在开始规划起来吧！

——马特·布里廷（Matt Brittin）
谷歌公司业务和运营总裁

序言
欢迎踏上曲折的职业道路

我们先要针对你现在的职业道路提出两个问题：

1.你是否感觉自己像在爬梯子，前面的每一步都明确地规划好了？

2.你能否设想在未来5年担任同一个职位，甚至在未来10年待在同一家企业？

"不是！不能！"大多数人都会这样回答。

几十年来，工作领域发生了天翻地覆的变化，其中大多是向好的。今天，职业道路上充满了数不清的机遇，但也伴随着更多复杂性。我们大多数人都在寻找有趣且令自己感到充实的工作，能让我们发挥自身优

终身工作已经成为过去，我们的职业期望发生了变化。

势、找到自己的使命、灵活安排工作和学习新的技能。我们开始对自己的职业抱有很大的期望，并且经常听到"热爱你的工作""追寻你的梦想""过上更好的生活"等说法。但这些令人振奋的建议似乎与现实相去甚远。有时候，你背负着房租或房贷，面对工作或社交上的压力，"追寻你的梦想"似乎很难实现。

如今的工作前景——充满机遇、自由和创造性的金光闪闪的世界——与很多人的职业现状之间存在差距。要架起通往新的职业时代的桥梁，你需要的远不止寥寥数语的建议和鼓舞人心的名人名言。

那么，你需要什么？要在现代职场中寻求快乐，掌控现在和未来的职业道路，你需要培养5项职业技能，包括：

1.顶尖优势：你所擅长的东西。你要了解自己的优势在哪里，并采取行动，确保在所有工作中都能发挥出来。

2.价值观：你区别于其他人的特点。找到能激励和推动你的东西，它将帮助你做出正确的职业决策，并深入了解其他人。

3.自信：相信你自己。我们每个人内心都有打击自信的"小怪兽"，它会妨碍我们的职业发展。你可以学习如何将它关在笼子里，关注自己取得的成就，并建立起一个强大的支持体系，从而使自己更加坚强。

4.人脉：互相帮助。你有必要培养一些适合自己的人际关系，并以付出而非索取为目的，建立一个有效的人脉。

5.未来的可能性：探索更多选择。职业规划已经成为过去；你应重点关注寻找未来的可能性，并立刻行动起来，开始探索。你为什么要工作，如何确保自己在职业道路上走得更长远？

扒掉梯子，寻找机会，设计一条适合自己的职业道路。

无论你处于职业生涯的哪个阶段——不管是刚开始第一份工作，还是已经成为一个10人团队的经理，或者刚刚创业——都可以培养这些技能。

了解并利用自己的优势，践行自己的价值观，培养自信，建立适合自己的人脉，探索未来的可能性——这些都是你拥有一条快乐而曲折的职业道路所需要的基本技能。

发现职业道路的曲折性

我们要先讲一讲自己的故事，以及使这本书得以诞生的灵感时刻。我们第一次见面是在大学学习商业管理期间。2013年6月，我们照常坐在一起喝咖啡聊天。在那个夏日，我们回顾过去，分享了自第一份工作以来，各自的工作和生活发生的变化。

离开大学时，我们都雄心勃勃，摩拳擦掌地准备攀登职业阶梯，并尽可能做出了长远的设想和规划。但实际上，我们两个人的经历有些不同。12年过去了，我们仍然雄心勃勃，享受成功的职业道路，但这些道路越来越难以捉摸，而且有些……曲折。

组织、角色和职业的改变远远超出了我们的预期。莎拉开玩笑说，她工作过的企业和从事的职位数量比她父亲一辈子经历的都多。这句话让我们陷入了思考。我们意识到，职业道路不再是线性的，而是变得更加复杂曲折。我们工作生活的方方面面似乎都在发生某种变化，而且这种变化的步伐也在加快。

幸运的是，我们都在享受这些变化，并从中受益。我们不断学习，探索新颖的机会，并与各种励志而有趣的人建立联系。但我们感觉自己是幸运的少数。我们认识的许多人都在苦苦挣扎，对自己的职业感到困惑、压力剧增、焦虑和不知所措。我们的一些朋友、同龄人和下属对自己的进步表示失望，他们会说"我不知道接下来要去哪里""我感觉自己停滞不前""我要如何找到自己擅长的东西""我怎样才能找到自己喜欢的工作"等类似的话。

坐在一起喝咖啡时，我们认真思考了这个新的想法——工作比过去更加曲折。莎拉拿起一支笔，在餐巾纸上画了起来：

过去的职业道路　　　　　　　现在的职业道路

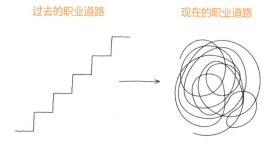

在这幅图中，"曲折的职业道路"诞生了。我们意识到，职业阶梯已经消失，取而代之的是一条弯弯曲曲的职业道路。我们问自己，如果每个人都拥有在曲折的职业生涯中取得成功的必备技能，那不是很棒吗？我们决定行动起来，实现这个目标。

我们当即启动了一项副业，取名为"神奇的如果"（Amazing If），帮助人们在工作中获得快乐和成就感。我们就这样误打误撞地开启了新的事业，并被创造新的职业路径的想法所鼓舞。

推广"曲折的职业道路"理念

接下来的几年，我们的副业逐渐兴盛起来。我们开始举办小型技能培训班，帮助人们试用我们为支持其职业发展设计的工具。

在每一次培训班开始前，我们都会画楼梯和曲线图，分享我们关于职业形态如何变化的设想（第1章将对此进行详细介绍）。每次我们展示这张草图时，都会看到大家纷纷点头，我们便知道自己做对了。在接下来的6年里，我们为更多的受众开设了课程，并调整了工具，使其最大限度地发挥影响力。在承担领导职责、为人父母、遭到裁员以及许多其他个人和职业变化中，这些工具已成为我们职业道路的基本内容。随着我们日常工作的规模和范围不断扩大，我们的副业也迅速发展起来。

我们与大大小小的组织合作，为员工的职业发展提供支持，并且推出了"做自己的职业规划师"专题播客，与无法参加活动的人分享我们的观点。不知不觉中，我们已经为数千人提供了培训，也培养了一大批帮助倡导和宣传曲折的职业道路理念的人。数以百计的"神奇的如果"伙伴与我们分享了自己的成功故事，从获得晋升到改善与上级的关系，再到探索出一条全新的职业道路。我们的小小副业已经远远超出了之前的预想。

回到这本书上！我们第一次将所有的想法、行动、工具和技巧汇集在一起。通过阅读和研究本书，你将对自己和自己的职业道路产生新的见解。在开始进行职业转型之前，我们先来讲解如何充分使用本书。

如何使用本书

本书提供了大量实用的练习、工具和技巧。我们分享的一切都是为了帮助你充分了解自己，并在整个职业生涯中随时采取行动。

在第1章中，我们将深入研究所谓的"曲折的职业道路"，并讨论阶梯式的职业道路在当今的工作环境中如何失去效力。

> 希望这本书将成为你的职业伴侣，帮助你产生无尽的创意，不断取得成功。

在第2章到第6章中，我们将重点介绍前面提到的5项核心技能，它们将是你成功开辟曲折的职业道路的关键：

1.顶尖优势。

2.价值观。

3.自信。

4.人脉。

5.未来的可能性。

每章先简要解释各项技能的含义，并讨论它在曲折的职业道路上的重要性。接下来，我们将探讨如何培养每项技能，并将

将见解转化为行动。

见解转化为行动。在一些章节中，我们会用自己的故事来说明这些技能如何帮助我们在工作中学习并取得成功。在每章的最后，我们会用10个要点来总结该章所涉及的关键领域。

在"曲折的职业道路上的困境"部分，我们将讨论常见的职业困境，包括：

1.我应该开展副业吗？

2.如何寻找导师？

3.如果组织不提供培训，我该怎么办？

4.如何实现工作和生活的平衡？

5.我应该留下还是离开？

6.如何打造个人品牌？

7.如果不在团队中，我要如何证明自己的领导能力？

这些都是我们在培训班和播客节目中常见的问题，也是大多数人在工作中关心的问题。在"曲折的职业道路上的困境"部

分，我们将分享一些想法和行动，帮助你解决这些棘手的问题。

在最后一章中，我们将分享曾经的同事或者激励过我们的人提供的100条职业建议。每个人都专门为本书分享了自己的建议，所以我们期待你也同样珍惜他们的智慧成果。沃顿商学院教授、《给予和索取》（*Give and Take*）、《离经叛道》（*Originals*）和《另一种选择》（*Option B*）的作者亚当·格兰特（Adam Grant）；《个体突围》（*The Multi-Hyphen Method*）的作者、"Ctrl Alt Delete"播客节目主持人艾玛·加侬（Emma Gannon）；英国独立电视台首席执行官卡罗琳·麦考尔（Carolyn McCall），这些知名人士都将给你提供宝贵的建议。

阅读本书时需要注意的事

随意涂写。每章都提供了一些工具和练习，本书可以用来随意涂写。如果你需要更多空白处，或者想重复练习，可以在本书末尾找到一些空白页。如果你在阅读本书的电子版，不妨随身携带一个笔记本，并随时使用突出显示功能。希望它成为你的书架上最破旧的书之一，里面满是折页和笔记——所以尽情地涂写吧！

根据自己的需要调整练习。在过去6年中，我们在培训班学员的帮助下开发了这些练习，你可以尽情地根据自己的需要进行调整。它们不是不容更改的。如果你能找到调整方法，让它们更适合你，尽管动手吧。本书是你的职业工具包，专门根据你的需要而定制。

多次练习。这一点非常重要。这些技能不是一次性培养出来、在待办事项中划掉以后再也不用去回顾的东西。将所有练习视为解决问题的一个步骤，而非立即获得最终答案的方法。不断回顾这些练习，你每次都会学到新东西。过去几年，我们两人将书中的练习做过数百次，每一次都觉得它们很有用，能够启发出新的观点。

反复阅读。如果你有时间，我们建议你按顺序来阅读本书。虽然每一章的内容都是独立的，但我们认为，大多数人都会在前一章的内容和见解基础上，更好地理解后续的内容。读完一遍后，你很可能会翻回某个部分，重复那些与职业生涯的特定时刻密切相关的练习。

结语

通过选择阅读这本书，你已经开始为学习和提高付诸行动了，这是成功的一半！开放思维、培养自我意识和以学习为先，是在曲折的职业道路上取得成功的基础。

在本书的结尾，你将获得开启曲折

> 我们希望通过提供观点、工具和行动，帮助你掌控自己的职业道路。

的职业道路的洞察力和自信。在阅读本书的过程中，你需要对自己当前和未来的职业道路进行深入的反思，但这也是一个有趣的过程。我们希望你享受阅读本书，并期待它为你、你的同事和朋友将来的职业发展提供支持。

　　开始吧，祝你好运！

海伦和莎拉

目录
CONTENTS

第 5 章

人脉 ———————————— 107
CHAPTER5

第 6 章

未来的可能性 ———————— 139
CHAPTER 6

第1章

CHAPTER 1

曲折的职业道路

为了跟上2050年世界的步伐，你必须一次又一次地重塑自己。

——尤瓦尔·赫拉利（Yuval Harari）

过去，职业道路有如爬梯子，有着可预测的线性轨迹，我们知道接下来往哪走。而如今，一切似乎都更加不确定。人们在工作中都曾感到过焦虑不安、不堪重负，并且在工作时间寻求更多的自由与成就感。为此，我们提出了"曲折的职业道路"的概念，用以描述新的现实。如今，所有职业轨迹都是错综复杂的，因此我们更加需要明确自己的重点方向，设计适合自己的职业道路。

出现这种曲折的职业道路有多种原因。过去10年，工作的人员、内容、场所、时间和目标等方面出现了重大变化，工作环境截然不同。在详细论述当今人们需要掌握的5项技能之前，我们先要探索过去10年发生的一些重大变化，以及这些变化对于当今人们的职业发展意味着什么。接下来，让我们详细分析每个方面及其影响。

和谁一起工作

五代人并肩工作

目前，大约有五代人在一起工作，老龄化群体增强了职场的劳动力多样性。每一代以及每个人都处于不同的职业阶段，有着不同的需求和期望。"一刀切"的职业路径已经过时，我们有必要根据每个人不同的工作目标制定个性化的框架。

如今哪些人在工作

75岁以上： 这一群体有时被称为"传统主义者"，由于医疗和技术水平的改善，以及工作灵活性的提升，他们选择退休后继续工作。

55—74岁： "婴儿潮一代"，他们或许经历过线性的职业道路，但现在有机会学习新的技能，甚至为了以后开辟新的职业方向接受再培训。

44—54岁： 这一代人往往被称为"X一代"，他们受过良好的教育（60%的人完成了继续教育），有着"努力工作、痛快玩耍"的职业态度。

25—43岁： 截至2020年，这一群体将占总劳动力的75%。对于这些"Y一代"来说，找到工作目标很重要。他们喜欢跳槽。

25岁以下： 这些人出生在数字时代，被称为"Z一代"，是当今职场上积极参加社会活动的群体。

启示：掌握自己的职业道路

职业道路正在消失

劳动力的多样化将对你的职业道路产生两方面重大影响。一是期望的提高；二是积极掌握自己职业道路的必要性增强。组织曾经会帮助员工做大量工作，包括制订职业路线图和晋升规划等。以前，组织告诉我们做什么、往哪个方向走，但是现在，我们需要自己思考这些问题。

> 没有人会像你一样关心你的职业发展。

享受这段漫长的旅程！

人的平均寿命和平均工作时间不断延长，平均每人一生中要工作9万小时。假设你现在30岁，那么你或许还要继续工作40年。这个想法听起来似乎有些可怕，但它提醒你，设计一条能够实现成就感、幸福感以及个人成长的职业道路有多么重要。

> 反思、自我意识和持续学习成了"必须做"，而非"可以做"的事。

从事哪些工作

自动化的影响

我们目前从事的工作类型已经发生了改变。很少有人每天做着千篇一律的工作。这主要是由技术推动的，在很多重复性和可预测性较强的工作中，技术正逐渐取代人类。麦肯锡公司（Mckinsey & Company）的一份报告指出，随着技术的不断发展，到2030年，多达3.75亿的劳动者可能需要改变职业类型。

没有两天是相同的

如今的工作更多地基于项目，由于我们要适应组织的需求，岗位规范几乎在我们开始新工作的那一刻就过时了。人们有时会用"VUCA"［多变（volatile）、不确定（uncertain）、复杂（complex）、模糊不清（ambiguous）4个英文单词的缩写］来描述当前的工作环境，而且变化的速度看起来不会放缓。变化牵涉很多人。在不断变化的工作环境中，我们必须学习新的技能、建立关系、增加有效沟通，并适应日常角色和职责的持续转变。

变化是永恒的

应对和适应变化还需要组织建立灵活的运营架构，并培养灵活的团队。这意味着要减少层级，更多地进行重组。德勤（Deloitte）发布的2019年《全球人力资本趋势报告》指出，90%的领导者将重组列为头等大事。这种环境要求组织寻求灵活、适应性强、有好奇心、能够在迅速变化的世界中表现出快速学习和适应能力的员工。

启示："开展"全方位学习"

持续工作

随着我们所从事的工作类型的改变，我们的视角以及与学习的关系也需要改变。学习必须成为日常工作的一部分，而非局限于偶尔的训练或团队会议。我们需要认同并接受一种"持续工作"的心态，认识到职业道路没有终点。

终身学习

斯坦福大学心理学家卡罗尔·德韦克（Carol Dweck）教授关于学习和智力的研究证明，一个人的心态会影响他的成就水平。在僵固型思维（Fixed Mindset）中，我们相信自己的素质是不变的，因此专注于证明自己是正确的，而不会从错误中吸取教训。如果采取一种成长型思维（Growth Mindset），我们就会投入精力来提高自身能力，并将失败视为学习的机会。我们选择的思维对我们处理问题和感知成功的方式有着巨大的影响。

根据僵固型思维，我们看到的是由于自己不够聪明而无法解决的问题；而在成长型思维下，我们相信自己终将找到解决方案，只是目前还没找到。德韦克在TED［技术（technology）、娱乐（entertainment）、设计（design）3个英文单词首字母的缩写］演讲中，称为"过程的力量"（the power of yet）。

德韦克在题为《终身成长：重新定义成功的思维模式》（*Mindset: The New Psychology of Success*）的作品中提出的想法逐渐被那些重视将学习融入自身文化的进步组织所采纳。微软公司首席执行官萨提亚·纳德拉（Satya Nadella）认为，每个人，包括他自己，都应该专注于做一个"全方位学习"的人，而不是一个"无所不知"的人。

> 你需要新的想法和新的能力，但获得它们的唯一途径是拥有一种允许培养这些想法和能力的文化。
>
> ——萨提亚·纳德拉

何时何地工作

跟"朝九晚五"说再见

以往的工作时间往往是上午9点到下午5点，但根据舆观调查公司（YouGov）2018年的一项调查，只有6%的受访者按照传统的时间工作。雇主和员工开始认识到，让员工决定自己的工作方式和场所对双方都有利。

灵活办公的体现——居家办公

员工如果享有按照最适合自己的方式工作的自由，就会更有动力，而作为回报，组织会得到更具生产力和多样性的员工。

该调查的近一半受访者通过工作分担、压缩工时或每周工作4天等举措实现了灵活办公。这很好地证明了灵活办公对组织和个人都有好处，因为72%的受访企业报告称，在工作中通过某种办法实行灵活办公直接提高了生产率。

我们在哪里工作

我们的工作地点不再局限于公司的办公室。技术的进步和大规模采用意味着越来越多的人可以在任何地方工作，无论是在家里、附近的咖啡馆还是共享办公室。WeWork（位于美国的众创空间）是一家美国公司，为初创企业和自由职业者并越来越多地为国际组织提供共享工作空间。WeWork在全球的成功体现了工作场所性质的变化。2019年，WeWork在72个城市拥有超过25万名会员，估值达200亿美元。

"永远在线"的文化

如今，我们有了技术，可以随时随地轻松工作。Microsoft Teams（微软公司基于聊天的工作区）、Slack（聊天群组+大规模工具集成）和Facebook Workplace（脸书❶公司的企业通信软件）等在线协作工具意味着团队可以彼此保持联系，并在任何地点展开协作。然而，拥有如此便利的技术导致形成了一种"永远在线"的文化，即使人们下班了，也很难脱离网络。很多人即使在深夜、周末或假日也不断查看电子邮件和回复信息。事实上，70%的人表示，去年组织中存在"假期工作的人"（leavism）。英国职工大会（British Trades Union Congress，BTUC）的分析表明，自2010年以来，英国的超时工作（指人们每周工作超过48小时）时间增加了15%。

工作的孤独感

工作模式多种多样的另一个挑战，是人们可能会感到更加孤独，与工作中的同事联系更少。如果每个人都没有固定工位，就不再有与邻桌日常打招呼的场景了。如果你居家办公，就会错过午餐时与同事的闲聊。而这些沟通非常重要。哈佛大学一项连续80年跟踪健康和幸福感的研究发现，人们在家庭和工作中体会到的幸福感对健康有着巨大影响，也是长期幸福感

---

❶　脸书（Facebook），现已更名为元宇宙（Meta）。——编者注

的最佳预测指标。

启示：设计自己的"操作系统"

控制可控因素

明确哪些是"可控因素"，哪些不是，这将对你确定工作地点和时间的能力产生重大影响。在你的组织里，决定适合自己的最佳工作方式似乎很遥远。如果可以的话，找到哪些因素是你可以控制的，哪些不是，然后专注于前者。你可能无法改变公司规定，但可以在团队中尝试灵活办公，并与其他部门分享结果。企业文化指的是"我们这里的处世方法"，它取决于在同一个地方工作的所有人。从小事做起，在个人和团队内部进行尝试，你可能会为自己对整个组织产生的巨大影响而感到惊讶。

创造私密的时间和空间

技术的存在是为了让你的工作和生活变得更加轻松和美好，尽管有时它给你的感受正好相反！你需要把控自己在工作中对技术的使用，它应该帮助你顺利开展工作，而非产生阻碍。你需要制定自己的规则

设计你自己的"操作系统"，让技术帮助你提高工作效率。以一种对你（和你的组织）有效的方式开展工作。

和界限，在这里面开展工作，同时还要创造私密的时间和空间（这也有助于提高工作效率）。布鲁斯·戴斯利在他的畅销书《工作的乐趣》中提出了一些实用的方法，从关闭手机提醒或享受数字休假到屏蔽工作电话等，你应该尝试一下。

每个人都是不同的，在何时何地工作的效率最高会因人而异。你或许还不知道自己理想的工作模式是什么样子，但在阅读本书的过程中，你将获得启发，深入思考这个问题。一旦你对适合自己的工作模式有了更清晰的认识，就可以确定自己需要做出哪些改变。你不必在一夜之间改头换面；对于大多数人来说，只需确定一些小的步骤，就可以提高工作效率和享受更好的工作体验。

为什么工作

获得成就感

工作已经从最初的收入来源转变为重要的个人身份。"你在哪里上班""你从事什么工作"可能是我们结识新朋友时先被问到的一些问题。我们的回答通常反映了我们是谁，以及我们关注什么。哲学家罗曼·柯兹纳里奇（Roman Krznaric）在其著作《选择有灵魂的工作》（*How to Find Fulfilling Work*）中指出，如今，个人"想要得到更多：为人类和地球做出积极贡献，并将其价值观付诸实践"。领英公司（LinkedIn）的一项研究证实了这种观点，该组织针对印象软件公司（Impressive）员工敬业度所做的一项研究显示，48%的"婴儿潮一代"和30%的"Y一代"将目标置于薪酬和职位之上。这样看来，下次与人见面时，我们可以问一个更有深度的问题："你为什么去上班？"

启示：探索你工作的原因

令你感到精力充沛、动力十足的工作

在谈到职业发展时，"目标"这个词可能已经被滥用甚至误解。如今，很多人都感到不得不做一份在某种程度上"看起来不错"的工作。弄清楚你为什么要工作，你不一定要拯救地球（但如果你真打算这样做，那我们就先说声"谢谢"了）。相反，重点去探索什么样的工作能让你感到精力充沛、动力十足——本书中的练习会帮助你了解为什么要工作，特别是第3章关于价值观和第6章关于未来的可能性的内容，这些观点将帮助你在职业生涯中做出更好的决定，在对你来说最重要的事情与分散注意力的诱惑（例如薪酬高、职位高或办公环境豪华）之间实现平衡。

新的工作时代

我们猜想，阅读这本书的每个人都会认识到，并至少体验过

我们在本章中所描述的工作的人员、内容、场所、时间和目标的一些变化。这些变化都促使我们的职业道路发生了重大改变。僵化的职业规划毫无意义，因为我们不知道几年后会有哪些工作；而如果你知道自己不会很快退休，就必须在工作中找到成就感。职业道路只会变得越来越曲折，虽然组织和上级都能提供支持和指导，但只有你自己才能培养在工作中取得成功所需的技能。

避开障碍，接受曲折

　　曲折的职业道路上充满了机会，但如果你不知道自己想做什么或想去哪里，它也可能令你不堪重负。本书将帮助你理解对你来说重要的事情，并鼓励你设计一条有成就感、令人愉快并且跟你一样与众不同的职业道路。曲折的职业道路可能富有挑战性，有时你的职业道路上甚至充满了障碍——但这正是我们的作用所在！我们写这本书的目的是支持大家度过艰难时期，走向美好时期和辉煌时期。持续学习和成长将帮助你在曲折的职业生涯中取得成功。如果你为自身发展投入时间和精力，我们保证这是值得的！

本书将帮助你培养5项技能：顶尖优势、价值观、自信、人脉和未来的可能性。这5项技能是你现在和未来取得职业成功所必需的。

小结

① 用阶梯来类比我们的职业理想和工作经历,已经不再准确。

② 工作的人员、内容、场所、时间和目标全部发生了改变。

③ 我们现在有可能与五代人一起工作。"一刀切"的职业规划已经失去了效力,也不可能会实现。

④ 没有人像你一样关心你的职业发展。反思、自我意识和持续学习成为"必须做",而非"可以做"的事。

⑤ 岗位规范几乎在我们开始新工作的那一刻就过时了,现在每个人都处于"VUCA"的工作环境中。

⑥ 我们需要重新思考自己与学习的关系。专注于做一个"全方位学习"的人,而不是一个"无所不知"的人。

⑦ "朝九晚五"的工作模式逐渐消失了。雇主和员工开始认识到,让员工决定自己的工作方式和场所对双方都有利。

⑧ 设计你自己的"操作系统"。技术的存在是为了让你的工作变得更加轻松和美好——让它为你(和你的组织)服务。

⑨ 了解自己"为什么"要工作,这有助于完善决策,最大限度地实现成长和获得成就感。

⑩ 下面5项技能可以帮助你在曲折的职业道路上取得成功:顶尖优势、价值观、自信、人脉和未来的可能性。

第2章

CHAPTER 2

顶尖优势

不管你有多少钱,自我价值的真正意义在于找到你
最擅长的事。

——J.K.罗琳(J.K.Rowling)

什么是优势

你的优势就是你擅长的东西。你的顶尖优势就是你极为擅长的东西。无论你在技术方面非常优秀，还是在人际关系方面非常出色，你的优势都是人们雇用你的原因，也是你能为组织创造价值的地方。你在工作中发挥自己优势的时间越多，你的影响力就会越大，你也会感到越快乐。美国盖洛普咨询公司（Gallup）发现，发挥自身优势的员工在工作效率和忠诚度上比其他人高出6倍。

你最近花了多少时间思考自己的优势？根据我们的经验，大多数人对自己的优势都有一定的了解，但更深入地确定这些优势到底是什么，以及在什么时候最有效地发挥它们，这才是最重要的。优势来自你天生擅长的事情（你的天赋）以及你通过经历培养的技能和行为。

天赋+经历=优势

本章将帮助你频繁且持续地探索和利用自己的优势，并以一种适合自己的方式自信地分享。

将优势发展为顶尖优势

每个人都具备各种各样的技能，这也不错，因为大多数工作都要求人们具备适应能力，并运用多种不同的能力和行为。我们尤其感兴趣的是你的顶尖优势。这些是能够让你真正脱颖而出并声名远扬的。你可以将顶尖优势理解为，你希望同事和朋友在背后谈起你时提到的优秀品质。

你有哪些弱点

我们都有弱点——你、你的上级领导、著名企业家等，每个人都有。没有人是例外的，也没有人是完美的。但我们相信，尽管意识到自己的弱点是好的，但你仍应该关注自己的优势。正如著名管理学家彼得·德鲁克（Peter Drucker）所说："你不能把业绩建立在弱点之上。你只能依靠自己的优势。"我们建议你花大约80%的时间提升自己的优势，花20%的时间改善妨碍你在工作中表现出色的具体弱点。努力做好每件事是一项吃力不讨好甚至不可能完成的任务。专注于提升自己的优势，而不是浪费精力去担心自己的弱点，这样你付出的时间才会得到更多回报。

> 用80%的时间提升自己的优势，20%的时间改善妨碍工作的具体弱点。

为什么要在曲折的职业道路上发挥顶尖优势

探索和发挥自身优势将在3个基本方面提供帮助：

1. 享受工作

如果你现在30岁，很可能你要继续工作40年，如果你不喜欢自己的工作，这段时间就太漫长了。而且，无论你处于职业生涯的哪个阶段，本周你花在工作上的时间可能都比与家人和朋友在一起的时间更多。我们必须重新界定自己与工作的关系，将它从一种需要容忍的东西转变为让我们有机会做出积极改变并实现个人成就的东西。发挥自身优势是实现该目标的一种方式，因为研究表明，当我们以新的不同方式发挥自身优势时，我们在工作中将体验到更高水平的幸福感和成就感。

2. 获得机会

如第1章所述，我们都经历着更多的职业变动，更频繁地更换岗位、企业、行业等。了解自己的优势将有助于你探索不同的职业可能性。你将能够在职业生涯中做出勇敢的选择，知道某个职位将受益于你的优势。当你开始发挥自己的优势并与他人分享时，你尚未意识到的令人兴奋的新机会将主动出现在你面前。

3. 建立高效的团队

大多数人都以某种途径或形式加入了团队。我们在工作中同时参与不同项目的多个团队，而在工作以外，你也可能参与了志愿活动、从事副业或加入了类似活动的团队。有效合作的能力越来越重要。2019年，领英公司发布的《全球人才趋势研究》指出，协作成为雇主最重视的一项员工技能；盖洛普咨询公司的研究表明，注重发挥优势的团队工作效率高出12.5%。如果你了解自己的优势，就可以积极探索机会，尽可能充分地发挥它们，为你所在的任何团队创造价值。你也可以观察别人的优势（见本章后面关于海伦的故事），鼓励他们在工作中发挥到极致。

在本章中，我们将通过"四步法"帮助你发现自己的优势。接下来，我们将提供多种创意，让你的优势展现出来并脱颖而出。最后，我们将总结本章的10个要点。

如何发现自己的优势：四步法

在本节中，我们将通过"四步法"帮助你发现自己的优势。我们建议你在一天中的不同时间和不同地点多次重复这些练习，因为不同的环境和情绪可能会影响你的思考。例如，你可以在午休时间做几个练习，周末在咖啡馆再做一次。或者你可以跟同事一起，在接下来的一个月里每周完成一次练习，并每周见面交流心得。

发现你的优势：四步法

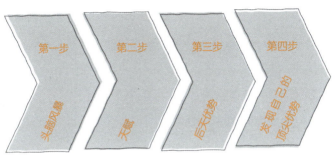

第一步：头脑风暴

我们先做一个快速优势练习。拿起一支笔，设定60秒的倒计时，写下你擅长的20件事。

提示：如果你一件也想不出来，别忘了还有业余爱好，或者你跟朋友和家人一起从事的活动。

1.　　　　　6.　　　　　11.　　　　　16.

2.　　　　　7.　　　　　12.　　　　　17.

3.　　　　　8.　　　　　13.　　　　　18.

4.　　　　　9.　　　　　14.　　　　　19.

5.　　　　　10.　　　　　15.　　　　　20.

你写出了几件事？放心吧，几乎没有人第一次就能写出20件事。这个练习让你感觉如何？有些人不习惯去想自己擅长的事，更不用说写下来了。因此，列出所有你认为自己极为擅长的事情或许会让人感到骄傲自大。或者，如果你到现在还没有花过太多时间思考自己的优势，可能会脑中一片空白。这种情况很常见，所以不要担心，继续练习。

接下来，写下你认为自己具有的三个弱点。

1.＿＿＿＿＿＿＿＿＿＿＿＿＿＿＿＿＿＿＿＿＿

2.＿＿＿＿＿＿＿＿＿＿＿＿＿＿＿＿＿＿＿＿＿

3.＿＿＿＿＿＿＿＿＿＿＿＿＿＿＿＿＿＿＿＿＿

你可能会发现这更容易，因为我们往往是自己最严厉的批评者。然而，我们要转变这种思维——你的弱点将真正有助于确定你的优势。在每一个弱点中，我们都可以发现一个相反的优势。例如，"缺乏对细节的关注"与"大局思维"相对应，而"完不成工作"的弱点可能体现了"富有创意"的优势。

针对你写出的每项弱点提出一个"相反的"优势。

弱点　　　　　　　　　　　　　　　　　转化为优势

值得一提的是，并不是所有的弱点都有相反的优势，所以你可能需要从侧面思考。如果你不知道如何将自己的弱点转化为优势，下面几个例子或许可以帮到你。

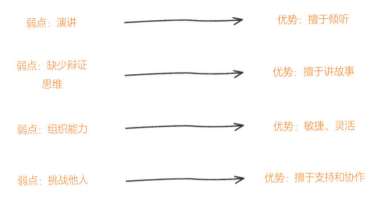

弱点：演讲　　　　　　　　　　　　　　优势：擅于倾听

弱点：缺少辩证
　　　思维　　　　　　　　　　　　　　优势：擅于讲故事

弱点：组织能力　　　　　　　　　　　　优势：敏捷、灵活

弱点：挑战他人　　　　　　　　　　　　优势：擅于支持和协作

第二步：天赋

在这一步中，我们将找出你的天赋——你不需要别人教就擅长的事情。每个人都有天赋，它们在我们小时候就不知不觉地表现出来，例如友善或体贴、富有创造力或幽默感等。你可能认为自己天赋是理所当然的，因为它们只是你的一部分，所以我们更多地把它们看作是个性特征，而不是在工作中可以发挥作用的事物。

在下方空白处写下自己的天赋。

我的天赋：第一印象

我们往往会发现，要找到自己的天赋是很困难的，因此你可以请熟悉你的人告诉你，在他们眼中你擅长什么。

行动：问问家人、朋友和同事："你会用哪3个词来形容我？"当然，你也可以问更多人，但至少确保询问3个与你有不同关系的人。

你可以当面，或者通过电子邮件、短信或微信询问对方。这是一个快速而简单的练习，我们的培训班学员经常从中获得启发。虽然我们没有明确地鼓励人们说积极的话，但99%的时候，对方的答复会让你感觉很好，这一点非常棒！

提示：这项练习可能需要更多时间才能完成，因为你需要等待对方的回复。在等待期间，你可以进行下一个练习，或者收到回复后再继续。

写下对方的答复

你会用哪三个词来形容我？		
朋友：	家人：	同事：
1.	1.	1.
2.	2.	2.
3.	3.	3.

思考人们用来描述你的词语。它们是否相同？当然，根据对方对你的了解程度，他们选择的具体词语会有所不同。例如，一起运动的伙伴或许会说你"争强好胜"，而同事更可能使用"动力十足"这个词。如果你生活中不同领域的人选择了截然不同的词语，这可能意味着你有机会在不同的角色中展示自己的优势。例如，如果朋友和家人说你"体贴"，但同事看不到你的这一面，你可以考虑在工作中找机会指导他人。你可能会享受指导他人的过程，而对方也会从天生有同情心且可能善于倾听的你这里受益。

在这个练习的基础上，你还可以让对方简单地解释为什么选择某个词。这有助于你深入了解人们对你的评价，以及他们认为你何时处于最佳状态。

我们以莎拉为例，看看她从练习中发现了什么：

莎拉的家人：妈妈

三个词： 意志坚定，有好奇心，争强好胜

"我记得你13岁时，打篮球伤了膝盖，但是你咬牙坚持继续玩。你喜欢在海滩上玩耍，可以跟你爸爸一起几个小时不停地捉螃蟹。我在你身上看到了坚毅而充满好奇的品格。"

莎拉的朋友：蕾切尔

三个词：独立，自信，有创造力

"在大学里，你总是比其他人更自信地走自己的路。你知道自己想要什么，如果没有合适的机会，你会自己创造机会。你很独立，还会力所能及地帮助别人。你与少数人建立了牢固的关系，而不是与所有人建立薄弱的关系。"

莎拉的同事：马特

三个词：体贴，专注，冷静

"你既善于为他人着想，又能深思熟虑地做决定。你非常努力，似乎很清楚自己要去哪里以及如何到达那里。无论发生什么事，你都能散发出平静的气场。"

　　将家人、朋友和同事对你的评价与你在本节开头写下的关于自己优势的最初想法进行对比。接下来，浏览下方的天赋列表，看看是否有哪个词显得特别突出。该列表并不详尽，你可以将它作为参考，而非完整清单。

成就力	你永远在寻找下一件该做的事，并能够完成	**共情力**	你与周围的人步调一致
驱动力	你善于实现目标	**追求卓越**	你会努力展现出最好的一面
适应能力	面对新的信息和局面，你可以迅速做出反应	**专注力**	你能排除周围的杂音，专心实现目标

分析能力	你会通过不断提问来获得全面的观点	包容心	你让人不会感到受冷落
细心	你善于发现小事	智慧	你一直都聪明伶俐
信念	你内心有明确的目标来指引你	善于学习	你天生有好奇心，热爱学习
人格魅力	你能够获得别人的赞同	善于聆听	你会给予对方全部的关注
掌控力	你喜欢掌控人和项目	数字能力	你天生擅长处理数字
沟通能力	你喜欢与他人分享观点和想法	组织能力	你善于创造秩序，使一切井井有条
争强好胜	你永远追求做到最好	积极性	你在任何场合都能带来积极的能量
交际能力	你可以很自然地与人建立关系	善于解决问题	你能想出办法应对挑战
全局观	你能够看到全局	灵活性	你的回弹力很强
创造力	你喜欢创造新的事物、提出新的想法	责任心	你是可以依赖的人
开发潜能	你可以将其他人和你的工作最好的方面激发出来	自我意识	你对自己是谁、为何会在这里有深刻的洞察
坚持原则	你能够创造秩序并坚持自己的计划	战略意识	你能将未来的目标和到达那里所需的行动联系起来
效率	你能够有效利用时间	支持他人	你随时愿意为别人提供帮助
吸引力	你会吸引人主动接近你	善于提问	你喜欢深入探究，全面了解事物

　　在发现自我优势的第二步的最后，写下你认为自己拥有的六项天赋。

1. ————————————————— 4. —————————————————

2. ————————————————— 5. —————————————————

3. ————————————————— 6. —————————————————

海伦的故事：掌握自己的优势

海伦的顶尖优势：交际能力、积极性、开发潜能

2013年启动"神奇的如果"项目，使我有机会在自己身上不断尝试这些练习。

2018年1月，当我在思考职业道路的下一步该怎么走时，我决定再次尝试上面的天赋练习。我想，不妨询问两个跟我的关系截然不同的人：我相处最久的朋友凯耶和我当时在微软公司的下属迈克。

凯耶见证了我成长的过程，从叛逆的少年、勤奋的学生、职业女性和身兼多职的母亲。她形容我的优点是"比袋鼠更有活力"，而且"超级灵活"，例如我在工作非常忙碌的一天还帮她解决了婚礼危机。

迈克与我接触的环境完全不同，而且时间较短，他形容我"像跳跳虎一样，走进办公室时充满了无限的积极能量，让每个人都因为与你在一起而感觉更好"。

我对比两人的回答，为其中的相似性感到惊讶。他们都强调了我的精力对他们的影响。对他们来说，我是跳跳虎和袋鼠！

我不禁停下来思考。我以前从未真正将自己的精力视为一种优势。我就是我自己。实际上，我曾试图在工作中压制自己的这一面，因为作为领导者，我这样看起来不够"专业"和"严肃"。

我意识到自己忽视了一些东西，让我能够为自己的职业和组织创造有价值的影响力的东西——我的精力。凯耶和迈克的反馈，以及我随后的反思，让我意识到自己应该主动掌控这项优势，并在工作中更自觉地使用它。

从那以后，我不再为自己天生的能量感到尴尬，也不再试图压制它，而是接受它带给我的机会。当我确定这是自己最大的一项优势后，我才发现，在每个工作日得到的所有幸福感和成就感都源自我利用自己的积极能量做出改变，无论是对于一个人、一个项目还是一次会议。

了解这一点让我有信心从微软公司辞职，全心经营我们的事业。在过去的18个月里，我把自己所有的精力都用在了发展业务上——到目前为止，我和"神奇的如果"项目都得到了回报。

第三步：后天优势

有些事情我们不需要努力就能做得很好，但也有些事情需要通过在工作中学习和实践才能变得熟练。这些是你在过去的职业生涯中积累下来的直接结果，例如采购专业知识、会计、软件知识、危机管理或平面设计。

思考后天优势的一个好的出发点是想想你取得了什么成果，以及有哪些具体行动。前一个问题包括你迄今为止积累的所有行业（例如零售、银行、消费品）和专业（例如营销、人力资源、金融）知识。想象有人在申请你目前的职位——要做好这份工作，他们需要了解什么？后一个问题应涵盖你每天在工作中的行为，这些行为在不同的行业和职业中能够转移，包括好奇心、组织能力、共情力和倾听能力等。

行动： 在下方空白处分别写下"成果"以及"具体行动"

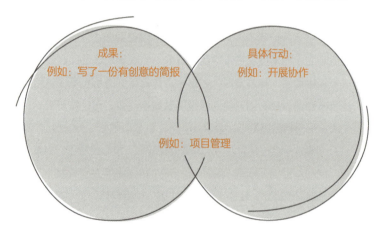

成果：

例如：写了一份有创意的简报

具体行动：

例如：开展协作

例如：项目管理

完成后天优势练习的技巧

将你从事过的所有工作考虑进来。 找出你的简历和领英档案，提醒自己迄今为止从事过哪些工作。或许有些技巧在目前的工作中没有用到，但不要因此而忽略它们。这是一个不错的练习，需要连续几个星期反复做，当你有时间来回顾它时，会添加更多内容。

详细记录。 将"成果"和"具体行动"中的每一项内容都尽量分解到最详细的程度。不要在"成果"中写"技术能力"，具体说明你掌握哪些技术能力；也不要在"具体行动"中写"沟通"，想想你擅长哪一类沟通，例如通过演讲来激励他人，或者通过写文章来影响他人等。当然，你可能擅长多种形式的沟通，在这种情况下，一定要把每一种单独列出来，让你知道自己通过多种不同的方式创造了价值。

不必明确区分"成果"和"具体行动"。在某些情况下，你可能不确定某项优势应归类于"成果"还是"具体行动"；这个练习的目的是帮助你认识并反思自己的所有优势，所以不要过于纠结分类。如果你认为自己有一项优势既属于"成果"，又是"具体行动"，你可以将它填入两个圆圈的交汇处，即图中写了"项目管理"的部分。你可能既拥有项目管理资格和特定技能，例如管理敏捷项目（"成果"），又擅长组织和召集多样化团队（"具体行动"）。

反复问自己，为什么你擅长某个领域，这将帮助你列出一个更长的清单。例如：你为什么擅长项目管理？答：利益相关者管理、预算管理、发现机会和风险、依赖性规划。突然间，你的优势从一项变成了五项。

不要试图平衡两边的数目。"成果"和"具体行动"不需要一一对应。具体内容取决于你的职务和工作经验，例如你取得了很多成果，但没有采取很多行动，反之亦然，或者两边可能相对平衡——任何情况都可以。

第四步：发现自己的顶尖优势

到了这一步，我们已经了解了你的天赋和后天优势。在这最后一个练习中，我们将根据目前为止你对自己优势的全部了解，来帮你找出你的顶尖优势。提醒一下，如果你的优势是你擅长的事，那么你的顶尖优势就是你极为擅长的事。

> 你选择自己的顶尖优势。你掌控着自己的声誉和过人之处。

做完了前面的练习，你应该有了一份长长的优势列表，而你的顶尖优势或许就在这个列表中。下一个练习将提供一个有用的框架，帮助你选择自己的顶尖优势。要记住四个要点，它们可以帮助你区分优势和顶尖优势的差别：成果、频率、公开性和幸福感。

行动：从本章前面的所有练习中选择六项优势。选择你最有信心并想深入探索的一项。在下文的表格（36页）中写下每种优势，然后根据四个标准对每项优势进行打分（从1到10）。

打分时需要考虑的问题

在开始打分之前，先用几分钟时间阅读每个标准的具体内容，并思考下面的问题。

成果：当你发挥自己的优势时，你会在工作中产生积极的影响。你能够创造更多价值，这将体现在工作成果的数量和规模上。你可以通过很多大大小小的例子了解到，自己在某个具体的职位上如何通过发挥顶尖优势取得成果。

- 我能举过去6个月的两个例子来说明这种优势如何帮助我取得了成功吗？
- 这种优势是否在我职业生涯中最成功的时刻做出了贡献？

频率：你的目标是在工作中尽量频繁地利用自己的顶尖优势。理想的状态下，你至少每天要发挥一项顶尖优势。

- 我在本周内利用了多少次这项优势？
- 我在过去和现在的职位上是否利用过这项优势？

公开性：也就是你的优势在其他人看来是否明显。你希望有尽可能多的人了解你的优势，并公开向他人介绍这些优势如何在工作中助你一臂之力，它们代表着你用来积累声誉的天赋和技能。

- 如果我问同事和工作以外的人，他们认为我擅长什么，他们会不会提到这项优势？
- 查看你的领英资料，问问自己："这份资料能帮助人们发现我的优势吗？"你的优势可能会体现在总结部分、你完成的具体工作或者页面上显示的其他人的推荐语中——理想情况下，这三个部分都能体现出来！如果你没有自己的领英账号，一定要创建一个。该平台不仅有助于求职，还能分享工作成果，并帮助你与偶尔接触但不经常共事的人保持联系。

幸福感：并非所有擅长的事情都能让我们感到幸福。别忘了，你自己的顶尖优势由你自己来选择，而不能找人代劳。顶尖优势能让你处于最佳状态，在工作中感到满足和投入，这应该反映在这些优势给你带来的快乐中。

- 当你利用这项优势的时候，有没有觉得工作让你非常期待和兴奋？
- 利用这项优势会不会让你产生能量？

顶尖优势分数

	成果	频率	公开性	幸福感	总分/40
优势	从1到10打分，你觉得自己凭借这项优势取得了多大成果？	从1到10打分，你有多频繁地利用这项优势？	从1到10打分，这项优势在别人面前有多明显？	从1到10打分，你在发挥这项优势时的幸福感有多高？	
1.					
2.					
3.					
4.					
5.					
6.					

解读分数

不能简单地认为分数最高的一项代表你的顶尖优势。在得出任何结论以前，你需要对结果进行深入分析。

先从幸福感一栏中得分最高的优势开始。顶尖优势的所有其他维度（成果、频率和公开性）都是可以培养出来的，但如果一种优势无法让你感到快乐，它就不能称为顶尖优势。假设你有组织能力。你凭借这项能力已经取得了一些成果，经常在工作中使用到它，其他人也认为你擅长于此，但它会消耗你的精力，也不是你喜欢做的事。你可能很擅长，但你永远不会从中享受到乐趣，不愿意在此方面付出更多努力、追求卓越。它永远不会成为你的顶尖优势。

顶尖优势行动计划

一旦找到了令自己感到快乐的优势，你就要采取行动，把它们变成顶尖优势。举个例子，对比下面两项优势的分数：项目管理和创造性思维。

优势	成果	频率	公开性	幸福感	总分/40
项目管理	5	5	6	9	25
创造性思维	7	4	4	9	24

在这个例子中，你有一项令你感到快乐的优势——项目管理，但它在成果、频率和公开性方面的得分较低。成果往往是频繁且高调地做让自己感到快乐事情的自然结果，所以你需要优先考虑如何更多地利用自己的优势（频率），以及如何确保其他人知道你在做什么（公开性）。

下面是可以帮助你提升各个标准的分数，将优势变为顶尖优势的一些方法。

优势	提升成果	提高频率	提高公开性	提升幸福感
项目管理	1.问问你经常一起工作的人，你要如何发挥自己的项目管理能力，为团队提供支持，实现共同的目标。 2.问问你的上级，如何利用项目管理技能来提升自身的影响力	1.找出可以通过你的项目管理能力得到满足的组织需求。 2.主动为想要提升项目管理能力的同事提供指导	1.更新你的领英档案，在个人总结中写上你的项目管理技能，以及如何利用该技能在具体工作中创造价值。 2.每月举行以"精益基础"为主题的项目管理会议，面向组织内部所有人开放	1.加入一个项目管理爱好者的社群（可以参加线上或线下聚会）。 2.确定两个能够进一步提升你在该领域的专业技能的学习目标——你要探索哪些能激励和挑战你的资源
创造性思维	设定目标，规定如何衡量自己在接下来的一周、一个月和6个月内是否成功地发挥了这种优势；制订一份计划来帮助自己实现这些目标	1.找到一个能从创造性思维中受益的内部项目，并组织团队举行技能研讨会或"学习午餐会"。 2.参加志愿活动或开展副业，充分发挥你的创造性思维	1.与上级探讨一下，你的优势如何在团队中发挥作用。 2.写一篇博文，针对如何在工作中运用创造性思维发表见解	在你的行业或专业领域之外寻找三位具有创造性思维的人，看看你能从他们身上学到什么

现在，你已经开始将自己选择的优势转变为顶尖优势了。

在下方空白处写出你刚刚找到的顶尖优势，并认真思考。

_____

你的工作适合你吗

值得思考的是，如果你找出了一个想被人了解的优势，但找不到方法来提高发挥它的频率，那么这份工作可能不适合你。你总能找到方法在当前的职位上更多地发挥优势，但如果目前的工作不需要你的顶尖优势，那么它与你并不匹配。认识到这一点并不意味着你必须立刻换工作，但这表明，你有必要开始考虑能够更多地从你的优势中收益的其他职位。

了解了自己的顶尖优势后，你现在需要将它们最大化地展现出来并脱颖而出。本章的最后一节将重点推荐一些具体行动，帮助你以多种方式运用你的优势。

展现你的优势

基于优势的反馈

这是一个简单、直接且非常有效的方法，可以帮助你了解你的优势是否产生了积极的影响。经常问问同事："在你看来，我什么时候表现最好？"

> "在你看来，我什么时候表现最好？"

如果你想了解得更具体，不妨这样问："你认为我在什么地方为这个项目创造了最多价值？""这个月内，你认为我什么时候表现得最好？请举例说明。"你可以向任何人征求基于优势的反馈，但不必同时询问对方你应该如何改进（如果你想了解更多关于接收反馈的内容，我们将在第6章中详细介绍）。

顶尖优势助力人际交往

我们经常在培训班上开展这项练习，6个人或更多人一起做效果会更好。每个人都站起来，找到一个伙伴。向对方分享自己的一项优势，谈论在今天的工作中如何发挥这项优势，针对如何更好地利用它提出一个想法。另一个人做同样的事。然后再去找下一个伙伴，重复这个练习，分享同样的优势，但这次提出一个新的想法。这个练习有两个好处：它能让你提升自信，大声分享自己的优势，并鼓励你针对如何在当前的工作中更好地发挥优势提出新的想法。

做这个练习时要注意，避免使用"贬抑性"词语，例如"我还可以""我认为我比较擅长""其他人说我比较擅长"等。在第一轮练习时，大家可能会感到尴尬，但到了第三轮或第四轮，每个人都能够适应了。通常到了每次练习结束时，每个人都与所有人分享了自己的顶尖优势。起初，人们会觉得有些尴尬，但我们发现，参与者喜欢分享自己在工作中做出的积极贡献，这还有一个额外的好处，那就是鼓励每个人欣赏彼此的长处。

工作重塑

你最后一次阅读岗位规范是什么时候？对大多数人来说，是在他们求职的时候。我们不会经常翻阅岗位规范，这一点毫不奇怪，因为大多数岗位都要求我们在日常工作中保持灵活。这为员工提供了"重塑工作"（job crafting）的机会。它指的是根据自身情况和优势，以及组织需求重新塑造工作。你无法独立完成这个过程，上级领导在其中发挥着关键作用。如果你找到了一个机会来完善职位，以更好地适应自己的优势，我们建议你先与上级分享你的优势，针对如何为团队创造更多价值提出想法。

> 工作重塑并不是只做好的部分、抛弃那些枯燥的东西。你应该同时为自己和团队追求最好的东西。

要记住，工作重塑并不是一次会议就能完成的。改变一个职位通常需要时间，因为改变可能会影响其他人，或者你可能需要等待合适的项目出现。

副业与志愿活动

在日常工作之外寻找机会拓展自己的优势。当然，最终目标是在日常工作中实现价值最大化，你不必从零开启一项副业，但自愿参加其他团队的项目或者业余活动，可以为你提供一个在新环境中培养优势、使它更加突出的机会，同时还可以向其他人学习（要了解更多信息，请阅读"曲折的职业道路上的困境"部分）。

社交媒体

确保你的优势随处可见。它们应该明确体现在领英资料的个人总结部分，以及你工作用的其他社交媒体中。当你在评论帖子或分享感兴趣的内容时，想想这样如何体现你的优势。如果未来的雇主在谷歌上搜索你，会看到什么？他们能否通过几次点击了解你的优势？

小结

❶ 优势是你擅长的东西，顶尖优势是你极为擅长的东西。

❷ 用 80% 的时间提升自己的优势，20% 的时间改善妨碍工作的具体弱点。

❸ 你的优势是天赋和经历的结合。

❹ 天赋是你不需有人教即擅长的事情。我们经常认为它们是理所当然的，甚至低估它们在工作中的积极影响。

❺ 让家人、朋友和同事分别用三个词来形容你。其他人可以比我们更清楚地看到我们的影响。

❻ 你的后天优势包括成果（你在所处行业和职位上获得的知识和技能）和具体行动（你在工作中的行为）。

❼ 你选择你的顶尖优势，并能够根据四个要点评估优势和顶尖优势之间的区别：成果、频率、公开性和幸福感。

❽ 清楚你希望别人在背后谈论你什么。

❾ 寻求基于优势的反馈："在你看来，本周之内我什么时候表现得最好？"这有助于确保你的影响力与积极的目标相匹配。

❿ 采取实际行动，确保你的优势展现出来并脱颖而出。具体包括：工作重塑、从事副业、基于团队的优势练习和完善在线个人资料。

第3章

CHAPTER 3

价值观

我了解到，只要我牢牢坚持自己的信仰和价值观——并遵循自己的道德指南针——那么我唯一需要满足的期望就是我自己的。

——米歇尔·奥巴马（Michelle Obama）

什么是价值观

价值观是一个人独有的、有时可以起到激励和推动作用的态度和看法。这些是只属于你的东西，你可以将它理解为你的职业基因。它反映了对你来说重要的事物。价值观有时感觉像是一个模糊而抽象的概念，但你可以采取一些实际行动来发现自己的价值观，并将其应用到日常工作中。在本章中，我们将介绍一些具体方法。

在曲折的职业道路上，价值观的重要性如何体现

了解自己的价值观，以及它与工作的关联，可以在以下三个方面提供帮助：

1.在工作中做你自己

你可能听过这样一句话："我希望员工把'全部自我'投入工作中去。"从本质上来说，这意味着去上班，并充分表现自己，而不是假装在工作或者做你不想做的事。这对你和你的雇主都有好处，因为"假装"会占用很多精力，而这些精力

本可以更好地用于有价值的工作。如果你能在工作中践行自己的价值观，并向外界展示这些价值观，你会感到更自在、更有信心，也会更有效率。在工作时间延长、工作伙伴增加的环境中，伪装自己会影响人际关系的质量和工作中的幸福感。

2.产生共情

共情力是你设身处地为他人着想、从他人的角度理解与你自身不同情况的能力。我们经常与不同的工作团队进行本书中的价值观练习。从反馈来看，人们往往惊讶地发现，由于了解了彼此的价值观，他们对同事的了解程度大大提高。一旦你了解了某人，就更有可能以合作和建设性的方式与之合作，从而提高双方共同克服问题和应对挑战的能力。

3.做出更好的决策

在职业生涯中，你会做出很多决定，包括从事哪些项目、申请哪些职位、从事哪个行业甚至何时转行。转行越来越普遍，任何时候都有近50%的人在考虑转行。其中包括换过很多工作的阿米莉亚·卡尔曼（Amelia Kallman），她的职业生涯见证了她从在美国做演员、在中国

> 了解你自己的价值观，这有助于你基于自己的动力和目标（而非其他人的期望或意见）做出更好的决策。

做喜剧演员到现在伦敦做未来学家、演说家和作家的转变。她在谈到自己曲折的职业生涯时说："我永远保持好奇，喜欢与人相处，而且热爱想象。在每一个阶段中，我都会思考：我是谁，我想成为谁，我想过什么样的生活。"

把你的价值观当成决策过滤器，这样你就不太可能被"闪闪发光的东西"所分心，比如薪酬高、职位高或办公环境豪华。这些东西可能会给你带来暂时的满足感，但无法与你在工作中实现的价值相媲美。遵循价值观的指导有助于你为自己做出正确的决定，避免受到其他人的期望或想法的左右。"专注于过程，而非终点"，这种说法已经成为陈词滥调，但在如今的职业道路上，终点的概念已经消失。我们并不是建议你忽视未来（详见第6章），而是建议你坚持将自己的价值观作为职业指南针，来指导你的决定和行动。

价值观是如何形成的

价值观是在我们从童年成长到青年的过程中培养起来的，其中我们都会经历三个特定的阶段，直至价值观成形。我们将这三个阶段称为"吸收阶段""模仿阶段""叛逆阶段"，如下页图。

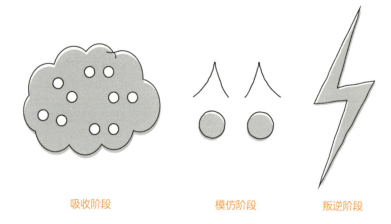

吸收阶段　　　　　　　　　模仿阶段　　　　　　　叛逆阶段

发展阶段

价值观从我们出生的那一刻开始形成，这是海绵状的"吸收阶段"，通常被称为"印记阶段"，持续到7岁左右。在出生的头几年，我们对周围的世界全盘吸收，几乎毫无异议地接受经历的所有事物。这是培养是非观的阶段，父母和主要监护人对我们的行为影响最大。

8岁到13岁之间是"模仿阶段"。在这一时期，我们会尝试不同的特征和行为，仿效身边有某种吸引力的人，例如老师、兄弟姐妹和同学等。

随着我们成长为青少年，我们将进入"叛逆阶段"，开始在实践中尝试不同的信仰和对我们来说重要的东西。在这个阶段，我们在与谁共处和做些什么上有了更多的选择。我们往往会受到朋友、同龄人和媒体等方面的严重影响，尤其如果我们的"小群体"具有某些特征。在"叛逆阶段"，由于我们可能对之前持有的一些关于好坏对错的信念质疑，会导致一段时期的个人冲突。

价值观在我们20岁出头的时候完全形成，从这时起，它开始对我们的行为和幸福感产生影响。大多数人很难有意识地清楚表达自己的价值观。所以，如果这对你来说是一个全新的概念，也不要担心，大多数参加培训班的人都站在同一起点上。根据我们的经验，真正掌握自己的价值观需要时间。然而，这值得我们付出努力，因为这也是我们在把握自己的职业幸福感和成就感方面最具变革性影响的领域。本章中的练习将提供一个工具包，帮助你探索自己的价值观。与其他所有工具一样，我们希望你在为自己设计一条成功的曲折的职业道路过程中，可以反复练习并记录下心得。

指导原则

在开始价值观练习之前，最好记住以下几点原则。

1.核心价值观

每个人都坚持着一些对自己重要的原则。本书的重点是探索3~5个核心价值观。这些是对你来说最重要的价值观，一旦被激发出来，将比对你来说仍然重要的其他领域更加优先。

2.价值观无对错

当你开始反思自己的价值观时，很容易在无意中产生主观判断。不要陷入一个陷阱，认为某些价值观是好的，或比其他价值观更好。一个以公平为价值观的人并不比一个以成就为价值观的人更好或更差。没有"正确"或"错误"的价值观。探索价值观的关键是对自己坦诚，知道什么对你最重要。如果你和团队一起做这个练习，也要记住，不要评判彼此的价值观。

3.价值观既是助力，也是阻碍

价值观是强大的内在驱动力，因此它会影响你的幸福感，有时也会让生活充满挑战。假设诚实是你的核心价值观之一，这可能意味着你会在无意中伤害别人的感情，或者发现自己处于一种无法完全坦诚的境地，因此感到沮丧。了解价值观在哪些方面产生了助力或阻碍，这有助于你清楚自己对他人的影响。了解自己的价值观并不能为你的不良行为提供借口，但它让你有机会谈论什么东西对自己最重要，以及你为什么会产生某种感觉。了解自己和他人的价值观有助于打破障碍，建立人际关系。

4.毕生的价值观

价值观没有工作和家庭之分。无论你身在何处，都拥有让你成为"你"的东西。本书中的例子都取自职场，因为我们关注的是曲折的职业道路，但正如在工作中践行价值观会让你在工作中更快乐，在家庭中也会有同样的效果。在不同的环境中重复本章的练习尤其重要，这将激发新的见解并加速对自我的认识，你将在本章后面莎拉的故事中体会到这一点。

职业终点已经消失。价值观才是为你的决策和行动不断提供指导的职业指南针。

5.价值观需要时间

本章中的练习将提供所有必要的内容，帮助你从今天开始找出和践行你的价值观。尽管如此，你不太可能第一次就把它们全部找出来。我们花了几年时间充分反思和打磨自己的价值观。虽然可能要花一些时间，但你会很快看到了解自己的价值观产生的积极影响。

了解你的价值观

接下来，我们将通过5个练习，帮助你构建价值观的图景。

1.反思。

2.辨认。

3.浏览。

4.排序。

5.定义。

第一步：反思

通过回顾迄今为止的职业经历，你会发现一些蛛丝马迹，了解自己在一份工作中重视的是什么。这种反思也将帮助你找出职业道路上的必备条件（在任何工作中对你来说都是必不可少的），以及禁止条件（你想要尽量避免）。下面的例子将帮助你描绘出迄今为止职业生涯中的巅峰和低谷，你需要记录下何时进展顺利，以及当你陷入不快乐的区域时发生了什么。

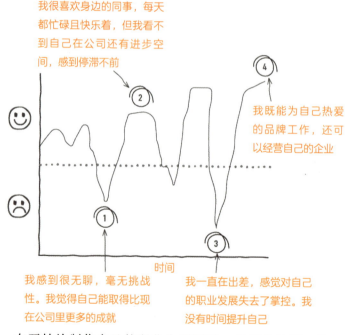

我很喜欢身边的同事，每天都忙碌且快乐着，但我看不到自己在公司还有进步空间，感到停滞不前

我既能为自己热爱的品牌工作，还可以经营自己的企业

时间

我感到很无聊，毫无挑战性。我觉得自己能取得比现在公司里更多的成就

我一直在出差，感觉对自己的职业发展失去了掌控。我没有时间提升自己

在开始绘制你自己的职业生涯图时，想想你的第一份工作。你当时在做什么，感觉如何？在下图中找到你的感受处于

哪个位置。写下你在这个岗位上感受到的不同情绪以及触发它们的原因。例如，也许你很高兴，因为你所在的团队充满活力和创意，上级领导也给了你很大的自主权。或者你感到沮丧，因为你觉得目前的工作没有意义，或者节奏太慢。

现在，继续回顾职业道路上的每一步，直到现在这份工作。想想那些比较突出的进步、转变和具体时刻。每当你经历职业生涯的巅峰或低谷时，花一点时间记录这些感受，以及自己的心得体会。最终，你将画出一条线，在上面标注自己的情绪，并用一些文字来描述，从中可以找到关于你的价值观的线索。

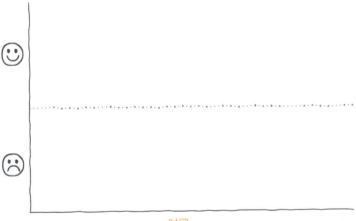

时间

看看你在职业生涯的巅峰时刻写下了什么。在工作幸福感最高的时候，有没有反复出现的词语或主题？根据不同的时间范围多次重复此练习。例如，回顾完迄今为止的整个职业生涯之后，你还可以回顾过去两年，或者只关注目前的职位。你甚至可以回顾过去一周，画出每天的巅峰和低谷。如果你想重复这项练习，可以在本书最后的空白页完成。

行动：回顾你的职业图表，在下面的空白处写下你的3个职业必备条件和3个禁止条件。

职业必备条件

☺例如：必须有持续的学习和提升机会。

☺

☺

☺

职业禁止条件

☺例如：不能频繁出差。

☺

☺

☺

这个练习可以让你对自己的价值观有初步了解。你应该意识到，当你运用自己的价值观时，在工作中会有较高的幸福感，而当你的价值观受到挑战或在工作生活中缺失时，你往往会感到沮丧或缺乏动力。

第二步：辨认

思考"我的价值观是什么"似乎很抽象，所以我们建议你先思考"对我来说什么是重要的"。回答这个问题可以帮助你找到反复出现、对你有重要意义的词语。但是在回答这个问题之前，不妨进一步分解这个想法，想想在特定的环境中对你来说什么是重要的。

在以下几个方面，对你来说什么是重要的？

1.与你共事的人？

2.你从事的工作？

3.你所属的组织？

4.你的工作环境？

回答上面的问题，然后在下表中写下自己的初步想法。

在以下几个方面，对你来说什么是重要的？	
人	
工作	
组织	
环境	

我们都会根据自己的情况回答这些问题，因为答案依赖于每个人特有的信念和感受。对于一些人来说，为一家知名企业工作非常重要，而另一些人则喜欢成为小型初创企业的一分子。回顾一下你写了什么，以及在每一项后面写了多少内容，这也很有意思。对你来说，你所做的工作可能比人、组织或环

境更重要。或者你对不同类型的工作持开放态度，但与什么样的人共事对你来说非常关键。

第三步：浏览

你现在对自己的价值观有了初步的印象。接下来就是找出一些对你来说比较重要的词语。

行动： 浏览下表，标出先映入你眼帘的词语。你要寻找的让你有切身体会的词语。该表并不详尽，它的目的是帮助你行动起来。如果你想到了其他对你来说重要的词语，可以把它们写在表格底部的空白处。

描写价值观的词语			
接纳	平等	公正	隐私
成就	卓越	善良	进步
感恩	兴奋感	知识	目标
权威	专注	学习	理性
归属感	自由	逻辑	互惠
能力	友谊	忠诚	尊重他人
挑战	乐趣	意义	责任
选择	成长	正念	常规
控制	和谐	谦逊	安全
勇气	健康	新颖	自尊
创造力	帮助他人	服从命令	灵性
好奇心	诚实	开放	稳定
决心	荣誉	秩序	成功

续表

描写价值观的词语			
纪律	包容	合作	忍耐
多样化	独立	激情	变通
效率	爱好	和平	愿景
能量	影响力	礼貌	财富
热情	智力	权力	智慧
在下方填入你的词语			

第四步：排序

前面3个练习帮助你思考工作中让你感到快乐的时刻、你重视的工作环境以及哪些有关价值观的词语最能引起你的共鸣。所有这些为下一个练习奠定了基础，接下来我们将优先考虑对你来说重要的事物，帮助你从一长串重要的事物中确定核心价值观。

行动：在开始下面的练习之前，先回顾前面3个练习的结果，找出最接近你的潜在价值观的10个词语。

回头看你写下的所有内容，选出对你来说最重要的10个词语。如果列表中有太多词语，你可以把相似的归在一起。例如，以"学习和成长"为主题建一个列表，你可以从大的列表中把"知识"挑出来加进去。现在，在新的列表上，你得到了学习、成长和知识3个词语。后面你还会回顾这些词语，所以不必强求一次性选择正确。

把你选出的10个词语填入下表的左列。

序号	潜在价值观	优先价值观
1		
2		
3		
4		
5		
6		
7		
8		
9		
10		

接下来，我们要思考几个问题，将你选出的词语按照重要性排列顺序。认真遵循以下几个步骤，不要出错。我们列举了一个价值观列表，用来演示如何循序渐进。

行动 1

思考表中的前两个词语，问问自己哪个更重要，第1个还是第2个？以下表为例，想想"自由"和"能量"哪个对自己更重要？在右列中将对应的词语打钩。

序号	潜在价值观	优先价值观
1	自由	√
2	能量	
3	成长	

续表

序号	潜在价值观	优先价值观
4	成就	
5	乐观	
6	感恩	
7	友谊	
8	人际关系	
9	开放	
10	成功	

接下来，继续对比第1个和第3个词语，问问自己哪个更重要。在上表中就是"自由"和"成长"。如果答案还是"自由"，那么它旁边就有两个对钩。以此类推，一直对比到第十个。最后，你会得到一个类似于下面的列表（如果表中有10个词语，那么应该有9个对钩）。

序号	潜在价值观	优先价值观
1	自由	√√√√√
2	能量	
3	成长	
4	成就	
5	乐观	√
6	感恩	
7	友谊	√
8	人际关系	√
9	开放	
10	成功	√

行动 2

接下来，从第2个词语（上表中的"能量"）开始，重复这个过程。这一次问问自己，第2个（"能量"）或第3个（"成长"）词语哪个对你更重要？在后面打个钩，然后继续对比，一直到第10个。

行动 3

继续从第3个词语开始对比，不断重复这个过程，直到对比完第9个和第10个词语。

完成所有对比后，你会得到一个类似于下面的列表。如果表中有10个词语，那么应该有45个对钩。

序号	潜在价值观	优先价值观
1	自由	√√√√√
2	能量	√√√√√
3	成长	√√√√√
4	成就	√√√√√√
5	乐观	√√√√√
6	感恩	√
7	友谊	√
8	人际关系	√√√√√√
9	开放	√√
10	成功	√√√√√

如果你担心自己弄混，可以采用下面这个格式。

哪个更重要……									
1	2	3	4	5	6	7	8	9	10
1或2									
1或3	2或3								
1或4	2或4	3或4							
1或5	2或5	3或5	4或5						
1或6	2或6	3或6	4或6	5或6					
1或7	2或7	3或7	4或7	5或7	6或7				
1或8	2或8	3或8	4或8	5或8	6或8	7或8			
1或9	2或9	3或9	4或9	5或9	6或9	7或9	8或9		
1或10	2或10	3或10	4或10	5或10	6或10	7或10	8或10	9或10	

行动 4

数一数每个词语后面的对钩，将对钩数量排在最前列的4个词语写在下面：

1.＿＿＿＿＿＿＿＿＿＿＿＿＿＿＿＿＿＿＿＿＿＿＿＿＿＿

2.＿＿＿＿＿＿＿＿＿＿＿＿＿＿＿＿＿＿＿＿＿＿＿＿＿＿

3.＿＿＿＿＿＿＿＿＿＿＿＿＿＿＿＿＿＿＿＿＿＿＿＿＿＿

4.＿＿＿＿＿＿＿＿＿＿＿＿＿＿＿＿＿＿＿＿＿＿＿＿＿＿

艰难的选择

在开始行动4之前，花1分钟思考一下刚刚经历的过程。你或许会发现，有些选择比其他选择更难做出，你在两种价值观之间进退两难。如果这两种价值观对你都很重要，就会出现这种困境。

或者如果两个词语看起来很相似，也会让你难以抉择。回到上面的例子中，在"潜在价值观"一列，成长、学习和知识分别列了出来。如果你的列表中有3个词语意义相同，当你进行排序时，它们会平分总体分数：某些代表核心价值观的东西最终只得到一个较低的分数，因为它被分成了3个相近的词语。如果你发现有两三个词对你来说意义相同，你可以把它们放在一起，用斜线隔开，例如成长/学习/知识，然后添加新的潜在价值观，确保将表中的10行填满，并重复这个练习。你可以根据需要多次进行这个练习，反复琢磨不同的词语，把它们放在一起或分隔开，看看能发现什么。

低分或零分词语

要记住，如果列表中的某些价值观分数较低，或得了零分，这并不代表它们对你不重要。能获选为前十个价值观，说明它们仍然意义重大，只是不代表你的核心价值观而已。

第五步：定义

找出自己的价值观很重要，但用自己的语言给每个价值观下一个定义同样重要。你需要能够分享价值观对你的意义，否则别人就会用他们的语言来解读你的意思。例如，尊重对一个人来说指的是"人们重视我的知识和贡献"，但对另一个人可能意味着"认可不同的观点和立场"。同一个词代表了不同的意思。在与他人分享自己的价值观之前，确保自己认真思考过它的含义。接下来在分享它们时，要介绍它们的含义，以及对你意味着什么。

选择上一个练习中分数最高的4个价值观，对每个词语用一分钟时间下一个定义。下定义可能令人头大，但设定时间限制可以激励你行动起来，这就是你在这个阶段需要做的事。你会对自己能在一分钟内产生的想法感到惊讶！

1分钟定义挑战

第1个词：_____。对我来说，它的含义是_____

_____。

第2个词：_____。对我来说，它的含义是_____

_____。

第3个词：_____。对我来说，它的含义是_____

_____。

第4个词：_____。对我来说，它的含义是_____

_____。

这种练习还有另一个好处。有时你在下定义的过程中会想到一个词，比原来那个更能引起你的共鸣。例如，如果你将"自由"定义为"生活和职业选择不受限制"，或许"选择"这个词对你来说更贴

锻炼以一种对你有好处的方式谈论你的价值观，因为当其他人了解你的价值观时，可以帮助你更好地将它们付诸实践。

切。这是一个需要反复琢磨的过程，没必要一次性把清单做得很完美。继续回到这个练习上，在不断反思的过程中继续完善。

莎拉的故事：价值观的价值

莎拉的核心价值观：成就、创意、学习、变通

我坐在伦敦金融区金丝雀码头一栋31层摩天大楼的24层，决心找出自己的价值观。我的计划是在上午9点到10点间完成这项任务，将它从任务清单上划掉，然后继续完成当天的其他工作。我认真做完了别人推荐的价值观练习，找出了我认为能代表自己价值观的几个词语：成就、进步、回报和竞争。搞定了。

与主管碰头时，我自豪地分享了自己的思考过程以及最后得出的几个词语。她稍微停顿了一下，然后说："你确定这几个词能代表你的价值观吗？它们听起来只能体现你的很少一部分。我觉得你应该花点时间好好思考一下。"这不是我预想的结果。说实话，我还以为自己在百忙之中抽出时间完成这件事，能得到主管的口头表扬。

除了重复这个过程，我不知道接下来该做什么。这一次，我坐在苏豪区的一家咖啡店里做着同样的练习。喝了几杯拿铁后，我找到了新的价值观词语：学习、好奇心、发展和指导。

我感到很惊讶：从金丝雀码头到苏豪区，我似乎变成了一个不同的人。

我想一定是练习的方法不对。我找到那个向我推荐这个练习的朋友，请她再次解释练习方法。她说，我的方法没有错；相反，我对待"价值观"的心态是错误的。她告诉我，她反思自己的价值观已经超过15年了。她对自己的4个核心价值观很笃定，但仍在思考是否有第5个价值观可以添加到列表中。

那次谈话对我来说是一个关键时刻，我开始意识到，个人和职业发展不是应该从任务清单上划掉的内容。

我探索自己的价值观已经有8个年头了，直到后来的一年半时间中，我才在非常有把握的3个价值观——成就、创意和学习基础上添加了第4个：变通。反思和理解自己的价值观对我职业生涯的方方面面产生了影响，从鼓励我做出勇敢而正确的决定（例如在获得晋升的同时争取从事副业），到开始新工作时介绍自己的价值观。

践行你的价值观

为了更自觉地探索自己的价值观，你需要明确接下来采取什么行动。本书介绍了3种活动，帮助你思考、培养和践行自己的价值观。

1.持续反思价值观。

2.更多地在实践中运用价值观。

3.了解他人的价值观。

针对每项活动，我们给出了两个行动的例子，下方留出了一些空白，便于你记录下接下来应该做什么——或许是我们提出的点子，也可能是你自己的新想法。

持续反思价值观

记忆测验： 在日记中设置为期一周的提醒，一周后看看自己在不翻看前文的前提下能记住多少价值观。注意你脑海中浮现的是什么，以及你为什么记住或忘记了某些价值观。当你在努力探索其他价值观时，是否至少对一个有把握？以此为参考，重复做排序练习。

职业提示： 重复前文的职业必备条件与禁止条件练习，但这一次把时间限制在当前工作中的一周。每天晚上回顾当天的活动，记录下巅峰和低谷的时刻，想想它们与你的潜在价值观有什么联系。

你的行动：

更多地在实践中运用价值观

重塑工作： 想一想，如果在今天的工作中做出一项改变，可以让你更多地践行自己的价值观，你会做什么。明确这一变化对你和你的组织有何好处。例如，如果创新对你来说很重要，你能否向主管申请用每周10%的时间来探索新项目?

选择: 下一次针对一个新的项目或机会做出决定时,根据你的价值观来评估所有可能的选择。针对你在每个选择上可能发挥价值观的程度为每个价值观打分(最高10分)。

你的行动:

了解他人的价值观

对你来说什么是重要的? 选择一个进展未达到预期的项目。与同事聊一聊,了解在他们看来,该项目的重要性在哪里。看看你能否从他们的回应中看出他们的价值观。

上级主管: 想一想,是否可以通过某种方式与上级主管分享你的价值观,例如通过培训或考核谈话。通过分享你自己的价值观,或者简单一些,分享一些对你来说重要的东西,你可以激励对方做出回应。或者你可以建议上级主管举办一次以价值观为主题的团队会议,让每个人更好地了解彼此。

你的行动:

探索价值观

价值观的探索过程可能是变革性的。价值观是一个很难界定的东西，并不是每个人都会花时间去思考它。我们举办培训班时，以价值观为主题的课程产生了最多的灵感时刻——人们突然开始从不同的角度看待事物，对自己有了更新、更深刻的认识。当然，并不是每个人都能在一次培训班上了解自己的价值观，远远不是！对自己的价值观有十足的把握，并愿意在别人面前谈起它，这是需要时间的。然而，如果你开始使用本章中提供的工具来探索自己的价值观，就能够走上正确的道路。你可以采取很多小的行动来获得即时收益，帮助你在工作中提升幸福感。了解你的价值观，并将它应用到日常工作中，这是设计适合你的职业道路的关键一步。

小结

❶ 价值观是能让你成为"你"，有时能够起到激励和推动作用的事物。

❷ 价值观是经过三个阶段形成的，包括"吸收阶段""模仿阶段"和"叛逆阶段"，到了 20 岁出头的时候完全成熟。

❸ 了解自己的价值观有三方面好处：在工作中做你自己，利用自己的洞察力和共情力建立更紧密的人际关系，并将价值观作为职业指南针，帮助你做出更好的决策。

❹ 你有 3~5 个核心价值观，它们是你最强大的动力，是对你来说重要的事物。

❺ 价值观影响着你的工作和生活的方方面面。价值观不能用来评判，没有好坏之分。

❻ 价值观可以是动力，也可能成为阻碍。了解如何在工作中积极运用自己的价值观有助于提升你的影响力。

❼ 了解你自己的职业必备条件和禁止条件，这会给你探索自己的价值观提供有用的线索。

❽ 用自己的语言为自己的价值观下定义，有助于你与他人分享。

❾ 了解他人的价值观有助于打造有强大共情力和高度信任感的团队，并营造每个人都能自在地表现自己的环境。

❿ 在工作中践行价值观是一项终身的任务。你需要定期反思和回顾自己的价值观及其定义，体会它们是否正确。

第4章

CHAPTER 4

自信

我认为，任何形式的自我表达都包括一半自信、一半勤奋，或许还有一点天赋。

——凯特·温斯莱特（Kate Winslet）

什么是自信

自信是对自己有信心，它代表着认可自己的成就、信任自己的才能，并有足够的韧性从逆境中恢复。这不仅关乎对自己的信心；当你有自信时，其他人也会信任你。自信是一种技能，因此好消息是，它可以通过学习来获得，并通过锻炼来提高。

找出一个你认为有自信的人；你还会用什么词语来描述那个人的特征？勇敢、坚强、真实、鼓舞人心和冷静等词语是我们经常想到的。虽然傲慢、自私和控制欲强等词语也会出现（我们稍后将回到这一点），但大多数人认为自信是一种积极的品质，并且希望进一步提升。

每个人都经历过自我怀疑或想要提升自信的时候。通常情况下，我们认为某个人是自信的，是因为看到他处于最佳状态，或者他在那一刻投入了时间和精力去感受和表现出自信。

自信对于职业生涯的意义

建立自信可以在3个重要方面为你的职业生涯提供帮助：

1. 培养韧性

我们在第1章中提到，变化是我们所处的职业环境的重要特征。在技术和重组的影响下，工作岗位迅速出现和消失。随着工作的开展和技能的迭代，一些技能逐渐被淘汰。专业知识不再是职业荣誉的唯一代表；相反，人们更加关注的是那些能够谈论自己如何从困境中走出来，如何拓展自己，如何从失败中吸取教训的人。

2. 采取行动

自我认识只是成就事业的第一步。它需要转化为行动，但这并不容易。或许你需要做出艰难的决定，例如改变角色或职业；或者需要冒险，例如拓展副业，或者首次申请带领团队。所有这些行动都需要勇气和自信，从而开启职业生涯中的机遇。

3. 争取他人的信任

研究表明，你在别人面前表现出的自信程度会大大地影响他们对于你能力的看法。虽然我们可能认为把工作做好就够了，但工作方法和与他人的沟通方式也是成功的关键。为了争取他人的信任，你需要先培养相关技能，让你发自内心地相信自己，然后这一点才会在人们对你的印象中体现出来。

有关自信的误区

在将"小怪兽"关进笼子里，开始提升自信之前，我们要澄清一些有关自信的误区。

误区 1：外向的人很自信，内向的人不够自信

人们往往认为，外向的人很自信，而内向的人不够自信。从根本上讲，外向和内向的区别在于我们如何调整状态以及从哪里吸取能量。内向的人从独处中获得能量，而外向的人需要依赖他人，从社交中获得能量。你是内向还是外向的人并不能决定你有多自信，也无法决定你能变得多自信。

误区 2：自信的人也很自大

自信和自大之间是有区别的。自大的人会高估自己的能力，对自己和对他人的影响力缺乏准确的认识。如果你担心自己过于自信，甚至可能演变为自大，这说明你还差得远！

误区 3：自信是与生俱来的

有些人可能天生自信，但这并不意味着他们没有怀疑过自己或认为自己缺乏自信。即使人们生来拥有自信，他们也会不断提高和磨炼自己的技能，你将在下文中莎拉与森宝利零售超市（Sainsbury）前首席执行官贾斯汀·金（Justin King）共事的

经历中了解到这一点。

在本章中，我们将探讨对自信可能产生最大影响的3件事：

1.了解和困住打击自信的"小怪兽"。

2.认可并回顾自己的成果。

3.评估和建立自己的支持体系。

掌握这3件事将有助于你培养自我信念。在本章的最后，我们将提出一些提升自信的小技巧，主要围绕三个领域：注意言辞，注意体态，以及熟能生巧。

莎拉的故事：贾斯汀·金的自信是与生俱来的吗？

2011年，我加入了英国森宝利零售超市，当时的首席执行官是一个名叫贾斯汀·金的人。他的工作很重要。他领导着一个具有150年历史的具有代表性的英国品牌，公司拥有超过15万名员工，每周为2000多万名顾客提供服务。

正如你所料，贾斯汀的工作需要经常抛头露面。我会定期听取他的演讲，无论是在领导层例会上，还是与全体员工的视频会议上。他表现得很自然，举止大方，令人信服且充满自信。对我来说，他是那种看起来天生具有自信的人。或许他的自信的确有一部分是天生的，但并不是全部。2013年，我调到了公司事务部，有机会当面观察他的工作。

我很惊讶地发现，即使在成功领导森宝利多年之后，他仍然愿意花时间彩排和练习，尤其是在重要的演讲之前。"彩排"这个词很准确，因为他会尽量模拟正式场合来练习演讲。

他会邀请一小群人参加彩排，这些人的工作是当面针对他的表现和演讲内容提供反馈。

我意识到，贾斯汀每天流露出的自信是天赋加上勤奋和实践的结果。

零售业有一句话：零售就是细节（retail is detail），我想这很好地概括了他的工作方式。他懂得小事的意义，无论是在演讲中选择合适的词来激励他人，还是在我获得领导奖时递给我一张手写的便条（我到现在还保留着）。

与贾斯汀一起工作让我获得了一些宝贵的经验，伴随着我的整个职业生涯。第一，我欣慰地发现，为重要场合提前排练会产生很好的效果，这表明你知道你的自信会对其他人产生影响。第二，无论你有多资深，优秀的领导者永远不会停止学习；他们每天都在挑战和不断提高自己。第三，在学习过程中询问并听取他人的反馈很有必要，这也体现了对他人意见和专业知识的尊重。每个人都可以坚持学习，即使是企业高管，这将提升每天的工作表现。

对于贾斯汀来说，他的方法无疑带来了回报。2014年，在卸任首席执行官职位的时候，他已经带领森宝利零售超市实现连续36个季度的增长——我当时是新闻办公室团队的一员，接到了大量基层销售人员打来的电话，向他表示感谢，对于首席执行官来说，这种经历可不常有。在森宝利零售超市任职期间，贾斯汀还被英国女王授予了司令勋章。离任后，他先后在普华永道和马莎百货等公司担任高级职位，因此他的才华和努力得到了更多回报。

了解和困住打击自信的"小怪兽"

这里的"小怪兽"指的是阻碍你发挥潜力的因素。它挡住我们的去路，阻止我们做重要的事。它是头脑中的声音，告诉我们自己不够好、缺乏智慧和经验——一切让我们相信自己一无是处的杂音。"小怪兽"是我们对"限制性信念"（Limiting Beliefs）的另一种说法。每个人都有。其他人可能不认识或看不到它，但它潜伏在我们的脑海中，阻碍我们从事重要的工作。

每个人心中的"小怪兽"都是独一无二的；一个人的"小怪兽"可以是另一个人的顶尖优势，反之亦然。或者你可能与别人有着同样的"小怪兽"，但对你们产生的阻碍不同。例如，两个人都担心自己不够聪明，但第一个人可能在会上不敢提问，一直保持沉默；第二个人非常武断，不重视他人的想法。

> 打击自信的"小怪兽"是阻碍你发挥潜力的因素。每个人都有，但体验是独一无二的。

虽然你对"小怪兽"的体验是独一无二的，但有一些东西是普遍存在的。看看下列说法是否令你感同身受：

· 我站在台上总会感到惊慌失措，忘了该说什么

· 我没有勇气反对别人，因为不想显得过于武断或不讨人喜欢

· 如果没有上级领导在场，我可以表现得很好，而他们一旦走进会议室，我就会怯场，失去自信

· 我讨厌公开演讲。我担心别人会感到乏味，没有认真听，甚至认真听过之后认为我做得不好

· 我有"社交恐惧症"。我会将自己与他人做对比，认为他们比我好

· 我从来不擅长数字，即使听不懂也不敢提问。我甚至不愿意申请岗位要求中包含"商业头脑"等字样的工作

· 有些事情我喜欢做，也很感兴趣，但我担心别人认为我太年轻，所以不敢主动尝试

· 我担心自己的知识储备不够

· 我害怕失败。我不喜欢犯错，所以一直待在舒适区

· 每当我感到压力，身体就会出卖我：脸开始泛红，身上起疹子，出汗，甚至想到这件事我都会紧张

上面这些例子可作为参考，帮助你找到内心的"小怪兽"。下面开始练习：

- 找到内心的"小怪兽"。

- 了解它在哪方面阻碍了你。

- 找出激发它的因素。

- 检验内心的"小怪兽"，采取积极的行动。

- 奖励和认可自己的进步。

要记住，克服内心的"小怪兽"并不容易。它代表着长期以来你对自己的看法和行为表现。但是通过持续努力，你有机会将它克服并关进笼子里，防止它再次骚扰你的工作。

找到内心的"小怪兽"

一个有效的办法是把下面几个问题的答案写出来。

1.你在工作中最担心的事情是什么？

_____

2.你在工作中没有做、但希望自己做的事情是什么？

_____

3.将下面的话填写完整："我在＿＿＿＿＿＿方面有所欠缺，所以工作不达标。"

4.你在工作中对自己有哪些负面的想法？

_____

有时候，我们对"小怪兽"的第一印象或许不代表它的真实面目。在表面之下，可能还潜伏着另一只。要弄清楚这一点，一个好办法是反复思考"为什么"。例如：

我害怕上台演讲。

你为什么害怕上台演讲？

因为我担心会忘记说什么。

你为什么担心会忘记说什么？

因为人们会觉得我无法胜任工作。

你为什么担心人们会觉得你无法胜任工作？

因为我想在他们面前表现出自己知识渊博，配得上这个职位。

在上面的例子中，第一个"小怪兽"是害怕上台演讲，但它的根源是担心"被揭穿"，这是亟须解决的问题。

我内心的"小怪兽"

行动：选择一两个心中可能存在的"小怪兽"，填写在上面的方框中。

将你心中的"小怪兽"画出来，不要仅仅写下来，这样有助于你开拓思维、采取行动。我们不追求艺术创作，而是从视觉上展示这些"小怪兽"是如何出现的，或者它给你带来了什么感觉。试着以一种动物来代表它，例如长颈鹿可能意味着害怕在人群中太过显眼，刺猬或许代表害怕在别人眼中不好相处或"没有肚量"。你也可以用一个物体来表示这个"小怪兽"，例如，如果你害怕上台，可以画一个舞台或聚光灯。如果你需要更多灵感，可以参考下面的案例。

思考"为什么"将有助于你采取更有意义的行动，阻止内心的"小怪兽"对你造成妨碍。

莎拉内心的"小怪兽"：害怕冲突

　　我内心的"小怪兽"是害怕冲突。在我的理想世界里，每个人都相处得很好，没有摩擦或争论。不难想象这对我产生了怎样的阻碍。我不喜欢参与任何有挑战性的谈话。我坐在会议室会感到非常不舒服，一部分是因为谈话的风格，另一部分是因为我会紧张得出汗！我没办法认真听别人说话，最后发现什么都不记得。我也会感到沮丧，因为我有机会提出自己的观点，却错过了它。我避免与那些我心目中的"肇事者"接触，在我看来，正是他们让我感到如此不舒服。

　　这种对冲突的恐惧阻碍了我去做想做的事情。我的目标是领导庞大的团队和项目，而要做到这一点，我要表现得很严肃，能够在追求最佳结果的过程中建设性地挑战他人。作为一名领导者，我还想成为团队的榜样，鼓励其他成员，我知道，辩论是最好的办法。

在我与"小怪兽"的关系中，有几个关键的转折点。第一个是向同事征求简单的反馈。在一场非常激烈的会议结束后，我向他抱怨，但他没有附和。我记得当时问他："从1~10分，你觉得这场会议令你有多不舒服？"我觉得有8~9分。他回答说："哦，还不算太糟，3~4分吧。我很高兴每个人都在会上说出了自己的想法，而不是在走廊上窃窃私语，我想我们取得了不错的结果。"

他的反应令我呆住了。那次简短的谈话让我意识到，我的冲突体验与其他人不同。在那之前，我一直认为别人跟我的感受是相同的。

我意识到自己一直将内心的"小怪兽"归咎于别人，而没有采取行动和承担责任来提高自己。

做出改变的第一步是推翻我对冲突的偏见，第二步是开始与其他人分享我内心的"小怪兽"。起初我感到很脆弱，似乎暴露了多年来一直试图隐藏的东西。我担心有人会利用它来对付我，或认为我很软弱。我一开始只与几名同事分享，他们都是我了解并且信任的人。这些人做出了积极的回应，在我最需要的时候给予了鼓励。

通过分享，我也让其他人有机会以具体而有效的方式来帮助我。

没有人对我持否定态度，相反，大家都很支持我，有人甚至与我分享了自己的"小怪兽"。通过分享，我也找到了激发出这些"小怪兽"的因素。有一次，我启动了一个"神奇的如果"项目，但没有取得预想的效果。在与一位客户打电话获得反馈后，海伦对我说："这次谈话对你来说一定很艰难，但我认为你做得很棒。我完全看不出来你不敢反对别人。"她的话让我很惊讶，因为我没有感受到这通电话中的冲突，所以内心的"小怪兽"没有被激发出来。这让我意识到，"小怪兽"是由一些特定的场景触发的，通过一段时间的反思，我现在确认了这些因素。第一个是意料之外的分歧。如果我预计对方会同意我的观点，却出现了相反的情况，我就会感到意外，"小怪兽"也会发作。另外，如果对方情绪化或直接地表示反对，我内心的"小怪兽"就格外活跃。

　　我还意识到，用什么语言来描述"小怪兽"也很重要。当时我与一位职业教练共事，她问了我一个深刻的问题，让我很困惑："当我提到'冲突'这个词时，你先想到的是什么？"我的回答是："战争。"这是一个小小的语言点，但它让我认识到，我需要重新描述自己内心的"小怪兽"，使之更适合我的处境。我所害怕的不是冲突。如果在谈话中出现了一些我没有预料到的不同观点，我内心的"小怪兽"就会跳出来，而如果有人以直接或情绪化的方式进行表达，"小怪兽"就会变得更强大。它不像"冲突"这个词那样引人注意，但它更准确，并且能促使我采取正确的行动，确保这些情况不会妨碍我的工作。

　　我发现，在让我感到坐立不安的谈话中，提问是克服内心的"小怪兽"的一种有效方式。我始终记得一句话："先寻求理解，然后寻求被理解。"我还没有把"小怪兽"关进笼子里，但我已经将它驯服，它不会再妨碍我去追求职业梦想。

了解"小怪兽"在哪方面阻碍了你

在采取行动以前，先深入思考内心的"小怪兽"以哪种方式、在哪方面阻碍了你工作。例如，如果你担心自己知识储备不足，那就在开会之前多花些时间准备；或者你担心别人对你的看法，所以不敢在会上发言或提问。

写下内心的"小怪兽"对你产生阻碍的3个具体场景：

1.＿＿＿＿＿＿＿＿＿＿＿＿＿＿＿＿＿＿＿＿＿

＿＿＿＿＿＿＿＿＿＿＿＿＿＿＿＿＿＿＿＿＿＿＿

2.＿＿＿＿＿＿＿＿＿＿＿＿＿＿＿＿＿＿＿＿＿

＿＿＿＿＿＿＿＿＿＿＿＿＿＿＿＿＿＿＿＿＿＿＿

3.＿＿＿＿＿＿＿＿＿＿＿＿＿＿＿＿＿＿＿＿＿

＿＿＿＿＿＿＿＿＿＿＿＿＿＿＿＿＿＿＿＿＿＿＿

找出激发"小怪兽"的因素

现在，我们来思考一下激发出"小怪兽"的具体因素。如果你发现自己的担忧在于知识储备不足，那么"小怪兽"通常会在具体人面前或会议期间出现。或者，如果你害怕演讲，你会尽量避免或找借口不参加哪些演讲？找出激发这些"小怪兽"的因素，以及它阻碍你前进的模式。

激发"小怪兽"的因素

"小怪兽"	因素1	因素2	因素3
例如：担心自己知识储备不足	高层领导	擅长不同工作的同事	上台讲话

检验内心的"小怪兽"

这些"小怪兽"生活在我们的头脑中，以我们在现实世界中未曾验证的假设为生。例如，如果你担心自己太年轻，或许会认为人们觉得你缺乏经验，没有征求任何人的意见就申请了工作。为了验证这一点，我们列举了一些"小怪兽"及相关假设的例子，并提出了检验这些"小怪兽"的方法和需要思考的问题。

"小怪兽"	假设	检验	反思
我的知识储备不足	提问会暴露我的无知	在你熟悉的环境中，与了解你的人一起进行问答练习。也可以在与主管的谈话中提更多问题	提问时和过后的感觉如何？其他人对你的问题有何回应
我缺乏创造力	其他人的创意比我的更好	与团队中积极的人分享你的创意，问问对方如何进一步完善它	与别人分享自己的创意感受如何？你的创意适合应用在当前职位和组织中的哪些地方

"小怪兽"	假设	检验	反思
我的经验不足	如果申请工作，我不会成功的，或者对方不会认真对待我	与从事类似的工作或为该职位招聘的人聊一聊。检验你的优势是否能为这个职位创造价值。关注自己能做什么，而不是不能做什么	探索这个机会的感受如何？如果这个职位不适合你，或者你没有通过，你还会寻找哪些类似的机会？
添加新的内容			
添加新的内容			

　　检验内心的"小怪兽"将帮助你开始挑战一直阻碍你前进的信念和假设，从而取得积极的进步。例如，你可能认为你的口音让自己听起来不太可信，但其他人会告诉你，你的口音实际上让你显得更加真实，使人们更愿意接近你。

　　但有时，你采取了行动，却没有得到预想的结果，内心的"小怪兽"变得更强大了。假设你害怕演讲，鼓起勇气在团队会议上发表演讲后结果并不顺利。记住，你是自己最大的批评者，而获得反馈是学习的关键。如果从反馈来看，别人也认为你做得不够好（你认为自己还有提升的空间，别人也这么想），那么请对方尽可能具体地说明你要

要克服内心的"小怪兽"，而不是躲避它，需要你采取积极的行动，鼓起勇气，深呼吸！

如何改进。这有助于你采取行动提升自己。尽管感觉很难，但在这种情况下，你能采取的最好办法就是找到另一个演讲的机会，从而将"小怪兽"困在笼子里。与其让它阻止你尝试，不如寻求反馈并改进。

采取行动是约束"小怪兽"的关键。这说起来容易，但这些"小怪兽"已经存在了很久，而且你已经习惯了躲避它们。

以下几点建议可以帮助你采取行动：

- 与别人分享你内心的"小怪兽"（让他们站在你身边，支持和鼓励你，这有助于激励你行动起来）。
- 明确何时采取什么行动。
- 确保这些行动小而频繁。

在下方空白处填写你为了将"小怪兽"关进笼子要采取的行动，然后圈出准备下周进行的活动，以及想要分享的对象。

将"小怪兽"关进笼子的3个行动
（圈出优先行动）

我内心的"小怪兽"

人

我想要分享的对象

认可自己的进步

成功地迈出第一步之后，你需要认可自己的成就。任何行为的变化都是艰难的，挑战我们对自己的长期认知需要勇气。所以，为你的勇气喝彩吧！每次当你采取一个小的行动来检验内心的"小怪兽"时，都要想个办法来奖励自己。方式越具体越好。莎拉喜欢买一杯手磨咖啡，海伦会奖励自己新文具。确保每一次检验内心的"小怪兽"时都使用同样的奖励方法，这有助于你提醒自己取得了多大进步。

如果你做好了行动规划，但由于（暂时）不够勇敢去执行，也不要惊慌。想想是什么阻止了你。是这一步设计得太大了，你需要从小处着手吗？还是行动本身没有问题，但时机不对？抑或行动和时机都很好，但你只是缺少动力？

莎拉内心的"小怪兽"：害怕不被人喜欢

不知从何时起，我产生了一种信念：被人喜欢对我的职业发展至关重要。根据我内心的想法，只有人们认为我是一个善良且有趣的人时，我才可能成功。要求苛刻、难以相处或喜欢对抗与这种想法背道而驰，因此我避免产生这些表现。坏消息是，这对于我的职业发展并没有什么好处。我没办法始终坚持我认为对的东西；当我有不同的观点时，我没有反对别人；我也没能坚持给人提供反馈，帮助他们进步。讽刺的是，当我看到其他人提供清晰且直接的反馈时，我的感觉很好；当我看到其他人有建设性地挑战他人时，我赞赏这种行为；当我看到其他人坚持自己的信仰时，我尊重他们的选择。只是轮到我自己时，我就会戴上有色眼镜。长期以来，我一直害怕不被人喜欢，但直到几年前，我才意识其他人也深受其害。

金·斯科特（Kim Scott）的作品《坦诚相待》（*Radical Candor*）出版时，我在微软公司任职。我在上班途中听了这本书的有声版，她提到的一种非常无效的反馈方式一直在我脑海中回荡。这种方式是"破坏性共情"。它指的是你关心你给予反馈的人，但没有直接挑战对方。因此，你的反馈是无效的，你阻碍了他人实现成长、发展和在工作中发挥最佳水平。我意识到，为了得到同事的喜爱，我提供了带有破坏性共情的反馈。

由于内心的"小怪兽"让我产生了误解，我缺乏足够的自信来明确而直接地表达观点。想到这一点已经是突破了。

我开始思考内心的"小怪兽"对别人产生了哪些其他影响，并发现它影响了我在为预算、加薪和新工作模式谈判时的自信程度。说实话，我感到很着愧。然而，这一认识让我有了对付"小怪兽"的动力。从那时起，我开始采取小的行动，更直接地表达想法，不再以微笑回应每一句话。我努力学习"绝对坦诚"的技巧，而不是破坏性地与他人共情。我的团队开始向我反馈这种技巧的效果有多好，这让我确信自己走上了正确的道路。

从那以后，我经历了很多艰难的谈判，我不能说已经完全把"小怪兽"关进了笼子里，但我意识到它的存在，并且开始思考它对我和周围人的职业生涯产生的影响，这让我能够专心地采取小的行动，克服它的阻碍。（要了解更多关于《坦诚相待》的内容，请阅读第6章）

认可并回顾自己的成果

克服自己内心的"小怪兽"只是提升自信的一个方面。你还需要了解自己擅长什么，认可自己创造的价值。自信与第二章的"顶尖优势"存在紧密联系。如果你了解并能够发挥自己的优势，就能收获更多成果。成功具有滚雪球效应。你取得的成果越多，就会越自信。

大多数人更加擅长记住自己的错误，而不是成果。自信的人能够积极地回顾自己每一天取得的成果。我们都可以养成认可自己工作成果的习惯。为了帮助你培养这个习惯，我们提出了一个"3R"成功思维框架，帮助你建立自信，包括"认可"（recognize）、"记录"（record）和"把握自己的节奏"（run your own race）。

认可

大多数人都能回忆起自己过去一年内取得的一个成果，但回想过去一周甚至一天的成果比较困难。我们可能会因为以狭隘的眼光看待成果而感到内疚，并且常常对自己很苛刻。记录自己所有成果的一个好办法是思考自己取得成功的不同方式和场所。试着回忆上个月你在以下每个场景取得的3个成果（你在第2章中写下的答案有助于这里的思考）。

过去一个月的工作成果：

1.＿＿＿＿＿＿＿＿＿＿＿＿＿＿＿＿＿＿＿＿＿

＿＿＿＿＿＿＿＿＿＿＿＿＿＿＿＿＿＿＿＿＿

2.＿＿＿＿＿＿＿＿＿＿＿＿＿＿＿＿＿＿＿＿＿

＿＿＿＿＿＿＿＿＿＿＿＿＿＿＿＿＿＿＿＿＿

3.＿＿＿＿＿＿＿＿＿＿＿＿＿＿＿＿＿＿＿＿＿

＿＿＿＿＿＿＿＿＿＿＿＿＿＿＿＿＿＿＿＿＿

例如：客户分享了积极的反馈，表示很喜欢与我和我的团队共事。

过去一个月的家庭成果：

1.＿＿＿＿＿＿＿＿＿＿＿＿＿＿＿＿＿＿＿＿＿

＿＿＿＿＿＿＿＿＿＿＿＿＿＿＿＿＿＿＿＿＿

2.＿＿＿＿＿＿＿＿＿＿＿＿＿＿＿＿＿＿＿＿＿

＿＿＿＿＿＿＿＿＿＿＿＿＿＿＿＿＿＿＿＿＿

3.＿＿＿＿＿＿＿＿＿＿＿＿＿＿＿＿＿＿＿＿＿

＿＿＿＿＿＿＿＿＿＿＿＿＿＿＿＿＿＿＿＿＿

例如：每周二和周六做瑜伽。

过去一个月帮助别人（工作上和工作以外的人）取得的

成果:

1._____

_____

2._____

_____

3._____

_____

例如:帮助妹妹在简历中写了一段自我介绍。

这是一个很好的练习,既可以与团队一起进行,也可用于自我反思。鼓励他人分享自己的成果是开始任何会谈的积极方式,对很多人来说,这是唯一一个能与你分享自己成果的机会。如果你是第一次做这个练习,在会前告知大家,让他们思考自己想分享什么(记住,我们想到的第一件事往往不是自己的成果)。设定一个时限,例如:"请参加月度会议,分享上个月的工作和家庭成果,以及你如何帮助他人取得(工作或家庭)成果。"与我们合作的一些团队已经在会议中采用了这种暖场方式,他们发现,这积极提升了团队成员和整个团队的信心。

记录

记录自己的成果可以简单而有效地养成认可它们的习惯。尝试在每天下班前将自己当天的成果写下来,坚持一周——利用手机上的记事本软件或本书后面的空白页。每一天,你都会发现回忆自己的成果变得更容易了，到了第7天，你或许不再需要提醒自己就知道，自己又度过了成功的一天。

　　另一个方法是记录下"进步"和"倒退"的时刻，如果你刚开始新工作，或者处于竞争激烈的环境里，感觉自己没有什么进步，这种方法的效果非常好。每次取得了一个成果，将它看作是"进步"，而如果某件事未达到预期，可以将它视为"倒退"。每两周用半小时的时间来回顾自己的"进步"和"倒退"。希望第一份清单长于第二份，如果不是，你至少可以想想能从第二份清单中吸取哪些教训，这本身也是一项成果，所以无论怎样你都有收获。

把握自己的节奏

　　我们都知道，应该关注自己的成果，不要与别人去比较，但这很难做到，尤其在社交媒体环境中，我们往往只分享积极的东西，删掉犯过的错误、经历的失败或乏味的时刻。了解成功对你意味着什么，这是你需要长期思考的问题，但是要迈出第一步，先思考一个问题："成功对我来说意味着什么？"然后将脑中出现的词语写下来。

_____

_____

_____

_____

评估和建立自己的支持体系

提升信心是无法独立完成的。你需要建立一个强大的支持体系，即有一群人在身边帮助你。我们推荐采用"支持太阳系"的方法，将你从哪里获得支持和向谁提供支持，以及哪些职位对你来说最重要、最有助于提升信心写下来。自信的人都有一个健康均衡的支持体系，评估你自己的体系可以帮助你采取必要的行动。

行动：先想一想，你从哪里获得支持。可以是家人、朋友和同事等。唯一需要注意的是，这里的"支持"对于提升你的自信是有帮助的。将这些人的名字写到下表的左列。接下来，思考你向谁提供支持，把结果写在右列。两边可能有重合，这个没关系，但至少在每一列写出五个名字。

你从哪里获得支持?	你向谁提供支持?

完成填写上表之后，根据互动频率将每个人的名字填入下方的"支持太阳系"中。它体现了你从对方那里获得或向他们提供支持的频率。用箭头指出互动的方向。你向这个人提供了支持（箭头指向对方），还是获得了支持（箭头指向你），或者这个关系是双向的（双向箭头）？下文提供了几个例子，教你如何着手。

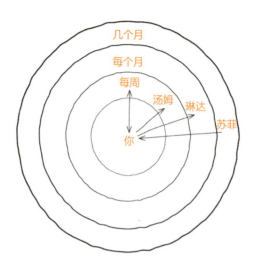

我的"支持太阳系"

在下方添加你获得或提供支持的对象。

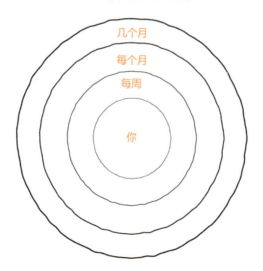

现在，你画出了自己目前的"支持太阳系"。思考下面几个问题：

- 你提供的支持是否超过了获得的支持？
- 你在提供和获得支持的频率上是否达到了平衡？
- 你是否从很多不同的人那里得到了支持，不只是家人和朋友？

最后一个问题尤其重要。你的目标是在"支持太阳系"中填写少量不同类型的人。有人无条件地爱着和支持着你，这永远是件好事。我们的父母是自己最大的支持者。无论我们做什么，他们都相信我们。这无疑会让你感觉很好，但最好还有其他人提供不同类型的支持，在你的支持体系内向你发起挑战。

理解你的人

在给予你支持的人当中，是否有人了解你的处境？他们或许是你现在或以前的同事。他们同情你的情况，了解你面临的挑战，因为他们亲身经历过相同或相似的环境。

向你提出"尖锐"问题的人

是否有人会向你质疑？他会提出很棒的问题，你自己可能都没有想到，或者不愿意思考。这些人会提供独特的视角，阻止你掉进指责他人或被人指责的陷阱。

"经历过这一切"的人

我们在支持体系中都需要一位"智多星"。他们通常（但不总是）更有经验，也有很多时间和知识储备。当你质疑自己的能力时，他们会激励你制定远大的目标，在事情偏离原计划时让你放松下来，而且与"支持太阳系"中的其他人一样，随时随地给予支持。

在下方写出提供不同类型支持的人。这有助于你找到漏洞并进行填补。

理解我的人	向我提出"尖锐"问题的人	"经历过这一切"的人

你还需要反思自己给他人的支持。了解哪些人来找你寻求支持，以及为什么，这有助于你提升信心，了解自己对于其他人的价值。但你也要维持好平衡。如果每周来找你帮忙的人太多，可能会产生依赖性的人际关系，不利于对方独立思考，也会过度消耗你的精力。如果你认为别人向你求助过于频繁，想想他们还能找谁求助，或者规定时间，让他们每个月或每两周来找你谈话。如果他们提前透露自己需要什么帮助，你将有更多时间思考如何帮忙，而不必临场做出反应。

信心助力

　　本章花费了大量篇幅帮助你建立持久的自信。有时，每个人都会需要一个短暂的信心助力。在曲折的职业道路上，我们将从事更多工作，这意味着要接受更多面试。我们会经常遇到新的同事，你希望在他们面前留下自信的第一印象。另外，技术的日益普及意味着我们在网上的表现和互动中也要表现得自信。我们将信心助力分为3种：注意言辞，注意体态，以及熟能生巧。针对每个部分，我们提供了3个建议，并举例说明如何采取行动才能积极提升自信。在每个部分下方，我们留出了一些空白，便于你写下自己想尝试的方法。

注意言辞

　　1.在所有形式的沟通中使用自信的语言。尽量避免使用模棱两可的词语，例如：可能，应该，或许，差不多。另外，多使用主动语气（"我将要"），少用被动语气（"我认为"）。

　　2.把话说完。令人惊讶的是，很多人在开始讲下一点之前不会把上一句话说完，尤其是在形势紧迫、大脑飞速运转的时候。不把话说完有两个坏处：首先，沟通缺乏严肃性，自信的沟通者会清楚表达自己的观点，每一句话都很重要；其次，你的影响力会下降，人们不一定能理解你要表达什么。或许你的观点非常精彩，但别人体会不到。

3.听和说一样重要。办公室里最自信的人不一定是说话最多的那个。积极倾听也会有不可思议的效果，它意味着你能吸收、理解和解读任何情境。最有影响力的人往往知道何时发表观点、何时保持安静！

例子：莎拉曾邀请她的主管听自己演讲，并针对她可以在哪方面提升自信提出建议。主管发现，她说了很多次"差不多"——具体来说，在10分钟的演讲中，这个词出现了至少16次！在那以后，每当莎拉忍不住想说"差不多"时，她都会尝试先停顿一下，然后继续演讲，或者在讨论中提出明确的观点。她偶尔也会说这个词，但希望你们在她的播客节目中不会经常听到！

> "注意言辞"——我的行动：

注意体态

1.摆好姿势。很多人都读过艾米·卡迪（Amy Cuddy）的作品，也听过她关于肢体语言的TED演讲，这是有史以来收听次数排在第二位的TED演讲。卡迪最早以及后来的研究表明，如果你在重要演讲、会议或面试之前和期间摆出有气势的伸展姿势，而非毫无气场、向内收敛的姿势，你就会更有自信和力量。

2.针对你的肢体语言寻求反馈。我们往往意识不到自己的肢体语言。你需要寻求他人的反馈，了解自己是否按照预期发挥了积极影响力。将下一次演讲录下来并回放——从镜头中看自己是最真实的。如果你有足够的勇气，甚至可以让别人观看或拍摄你的演讲，并提供反馈。

3.深呼吸。深呼吸可以激发身体释放激素，让我们更加警觉和亢奋。吸气时在心中数到7，停顿2秒，然后呼气时重新数到11。你的身心都会放松下来。将这个练习重复10次，大概需要3分钟的时间，之后你会感到更加冷静和自信。

例子：莎拉向海伦反馈，她在培训班讲课时经常交叉双腿。莎拉指出，这是一个向内收敛的肢体语言，可能导致学员不敢提问。海伦并不知道自己有这样的姿势，这个动作完全是无意识的。得到反馈后，海伦立刻意识到，这只不过是自己最舒服的站姿，很容易改正。

"注意体态"——我的行动：

熟能生巧

1.大声排练。很多人会花大量时间为自己非常重视的活动做准备。具体来说，我们会为演讲提前写好稿子，或者做一些额外的研究，为回答提问做好准备。但我们忽略了一个事实：表达方式与讲话内容一样重要。如果你觉得演讲稿不够通顺，那么在排练时大声念出来，你会发现哪个地方没说清楚，或者哪些词不通畅，甚至哪些部分需要修改。最好按照正式演讲的标准排练三次。例如，如果演讲时长为10分钟，最好排练30分钟，可以自己一个人大声朗读，也可以找个同事来听。可以在每两次练习中间总结一下哪里做得不错、哪些地方需要完善。

2.频繁开展小型练习。尽量多找一些不同的机会来锻炼自信。问问自己：我上次发出的邮件足够有信心吗？我最近是否参加过志愿活动来检验内心的"小怪兽"？我上次针对自己的自信程度寻求他人反馈是什么时候（例如："你认为我在工作中什么时候最自信？"）

3.帮助其他人培养自信。通过帮助别人培养自信（或许是你擅长的领域），你也会不经意地提升自己的信心。关注你给别人提出了什么建议。我们往往将好的建议给了别人，自己却没有付诸实践。

例子：在一次大型演讲之前，海伦录下了自己的表现，并关闭或打开声音反复回看。关掉声音有助于她观察自己的肢体语言是否有吸引力。而只听声音、不看画面可以听出自己的故事是否有说服力，其中的要点是否明确、容易记住。这意味着她在更大程度上掌控着自己的表现，提升了演讲时的自信。

"熟能生巧"——我的行动：

小结

① 信心是一种技能，它可以通过学习来获得，并通过锻炼来提高。

② 打击自信的"小怪兽"会妨碍你工作——每个人心中都有。

③ 通过探索"小怪兽"对你造成阻碍的模式，找出它的激发因素。

④ 为了克服这种"小怪兽"，采取一些小的行动来检验它。

⑤ 每次行动后，奖励自己一下。

⑥ 自信和成功是相辅相成的。你取得的成果越多，就会越自信。

⑦ "3R"成功思维框架"认可"（recognize）、"记录"（record）和"把握自己的节奏"（run your own race）。

⑧ 画出自己的"支持太阳系"，写下爱你、理解你、挑战你和激励你的人。

⑨ 信心助力包含一些技巧，帮助你在紧张的场合冷静下来，保持自信。

⑩ 三个提升信心的技巧包括：注意言辞，注意体态和熟能生巧。

第5章

CHAPTER 5

人脉

人脉包括想帮助你和你想帮助的人，因此它非常
强大。

——里德·霍夫曼（Reid Hoffman），

领英公司联合创始人之一

什么是人脉

建立人脉通常属于你知道应该做、对职业发展有好处，但并不是很想做或不知道如何做好的事情。对于不想建立人脉的人来说，原因往往与他们的自身感受有关。他们在想到社交场合时可能会产生恐惧或焦虑感，这主要是因为他们眼中的社交概念已经过时了。人们脑海中会浮现出一个喧闹的场合，周围有很多陌生人，自己被迫与他们进行尴尬的对话。事实上，这种类型的社交只占很小的一部分，对一些人来说，这一点甚至微乎其微。对其他人来说，他们乐于与不同的人谈论工作，但是不知道如何将其转化为宝贵的职业经验。

> 人际交往无非人们之间互相帮助。

重要的是要记住，人际交往无非人们之间互相帮助。大多数人都享受帮助他人的机会，这一定义有助于你重新审视自己对于建立职场人脉的作用和目的的看法。为了建立一个有效的人脉，你需要清楚地知道自己能为他人提供哪些有价值的东西，并具体说明你需要从谁那里得到什么帮助。如果你主动为他人提供支持，你就能够建立对职业生涯有变革性影响的人脉。

人们通常认为，人际交往只适合外向者，或者只有外向者才能享受这个过程。只有那些从与他人相处中获得能量的人（外向者的定义）才能建立良好的人脉。事实并非如此。性格内向或外向可能会影响你建立人脉的方式，但这不会影响人脉的质量或价值。内向者可能会通过一对一的互动建立较少，但是更加深入和长久的关系，而外向者面对一屋子素不相识的人或许感到更自在、更有动力。

> 在人际交往方面，我们相信"职业业力"，即关注你能给予什么，而不是你希望得到什么。

人脉对于曲折的职业道路有何意义

提高自身能力，建立积极而有意义的职场人脉，将在3个方面产生显著效益：

1. 有意义的关系

在过去，人脉是由你当面见到的人组成的，这意味着你的联系范围可能有限，人脉规模小、易于管理。如今，领英和推特等平台让我们能够接触到各种各样想与之建立关系，但未曾谋面的人，这大大拓展了人际关系的范围。然而，无论我们在线上还是线下、与已知还是未知的人的互动，建立有效关系的原则都是一样的。在领英上拥有2000名联系人并不意味着你拥有一个强大的人脉。数量永远比不上质量。关注你尤其需要添加到人脉中的人，并投入时间，让这段关系对双方都有价值，这是建立有效的职场人脉的关键。

2.多样化视角

我们在第1章中介绍了终身学习的重要性。建立人脉有助于你产生丰富的智慧。你或许只需要买一杯咖啡或寄一张卡片来回报他们的经验和建议，但他们的见解可能是无价的。你可以花时间与经历丰富的人一起交流，并将

根据自己的学习目标建立人脉，有助于你从新的角度思考为什么值得花费时间和精力与这些人结交。

新获得的知识应用到当前的工作中，从而实现飞跃发展。

3.打造自己的品牌

随着职业的进步，你未来的大部分工作将不会通过招聘版块或企业通信平台获得，而是来自了解你和你所从事的工作的人。你的个人品牌提供了一条捷径，可以帮助别人了解你是谁、代表什么立场。想清楚你要给人留下什么样的印象，并按照这个来行事，这是打造真实的个人品牌的重要方法。当你在曲折的职业道路上四处探索时，个人品牌就会成为你贯穿始终

的一个特征。

与公司和行业内外的人建立关系，也会给你带来意想不到的工作和发展机会；你的人脉越牢固，人们对你的价值观、优势和影响力的了解越多，这些机会就越适合你，例如指导别人、参加活动或为你热爱的组织做志愿者的机会。建立并投资于广泛的人际关系，确保每一段关系的对方都对你和你的个人品牌有深入了解，这将帮助你吸引更多新的、令人兴奋的机会。

行动：在下方空白处写下你希望别人在背后对你的评价，以及在接下来的6个月内让人们形成这种印象的3种方法。

"我希望人们说：＿＿＿＿＿＿＿＿＿＿＿＿＿。"

行动：

1.

2.

3.

例如： "我希望人们说：我擅长整理重要的数据。"

行动：

1.我可以在一场活动期间介绍自己撰写的报告。

2.我可以在领英上发表一篇实用建议文章。

3.我可以主动与企业中的其他团队分享本团队的成果。

莎拉的故事：建立充满机遇的人脉

2007年，我在第一资本金融公司（Capital One）担任营销项目经理。我花些时间建立了有效完成工作所需的人脉；我觉得自己做得很好，并希望在我热爱的公司里取得进一步发展。我在招聘广告中找到了一个"洞察经理"的职位，并填写了申请表。我确信自己是最佳人选：我充满热情和活力，并相信自己有很多技能可以贡献。但我忽略了一个事实：我没有客户洞察方面的直接经验，缺乏研究能力，招聘经理也不知道我是谁。结果可想而知：我没有得到这份工作。团队中有人花时间给了我一些反馈，尽管我努力表现出乐于接受的态度，但在内心深处，我仍然感到排斥和沮丧。我不明白为什么自己没有获选。

下一周的某天，公司有位高级总监把我拉到一边，给出了一些坦诚而友好的反馈。"你完全搞错了，"他说，"你要让工作主动来找你。"我点了点头，心里却想："你当然可以这么说，你是高级总监。"但是当失望和任性的情绪逐渐消散后，我开始思考他所说的话。如果工作主动来找我，那该有多棒！为此我需要做什么？我开始更加关注工作中的人脉。我对其他部门人员的工作和职业经历好奇起来，并开始与其他公司与我从事相同工作的人交谈，了解如何坚持学习和提高自己。

后来，我从第一资本金融公司跳槽到意昂集团，又跳槽到英国石油公司，在这个过程中，我投入了一些时间与那些真正帮助过我的人维持关系。一位成功的管理者不断为我提供指导；坐在我旁边的同事为我提供了很多新的想法；内部赞助商成为外部支持者。随着我作为管理者的进步和团队的壮大，我坚持为下属提供支持，即使有人换了工作。我为那些我不认识但曾来寻求支持的人提供帮助。我在一些场合发表演讲并回答问题，同时开始写作，在很多地方分享我的观点。

在我意识到以前，我的关系网已经从辅助我工作的小型工作群体转变为帮助我成长和发展的职场人脉。

新的工作和发展机会开始积极地向我走来。我在英国石油公司的工作是一位猎头推荐的，我的人脉中有人向我推荐了他（我们现在成了朋友，一直相互帮助），好笑的是，在我担任洞察主管之前，我利用自己的人脉了解到了维珍集团的真实面目。

从高级总监对我说那些充满智慧的话到现在，十多年过去了，我的人际关系网有了很大改观。这已经成为我的一大优势，也是我赖以发展的基础。这个过程并非一蹴而就的，但我了解到，如果你始终如一地真诚地帮助他人，并有信心寻求帮助，就一定有机会建立一个强大的人际关系网。

建立适合自己的人脉

在本章中，我们将研究对于建立强大的人脉影响最大的5个方面：

1.人脉的3个特征。

2.评估你的人脉。

3.建立你的人脉。

4.创造职业"业力"。

5.了解你自己在人脉中的角色。

将这5个方面和其中的方法运用到你的人际交往中，有助于确保你投入的时间在短期和长期内都能得到回报。在本章的结尾，我们将提供一些小技巧，帮助你迅速采取行动来完善人脉。

1.人脉的3个特征

人脉没有现成的公式，也没有固定的人数要求。你的人脉对你来说是独一无二的，它一定要顺其自然，并且具备相关性和有用性。强大的人脉有3个特征，希望你开始与那些将积极帮助你学习和成长的人建立关系时牢记它们。

目的明确

知道谁能帮助你学习和成长，表明你清楚自己要建立的关系。你知道自己需要什么样的知识，并且认真思考过谁能帮助你。因此，当你建立关系时，你是有目的、有选择性并且发自内心的。我们用一个例子来说明这一点。

很多人的待办事项列表中都有一项是寻找导师。多年来，我们听到很多人以下面的方式向人寻求指导：

"我在寻找一位导师，不知道您是否愿意指导我？"

这个请求太宽泛，它遗漏了两条关键信息：自己为什么需要导师，以及为什么觉得对方适合指导自己。更宽泛地说，它听起来像是有人告诉你有必要找一位导师，或者你觉得这样可以为工作或简历加分，所以不得不做。这体现了对他人时间的不尊重，也给人留下了懒惰的印象。这种方法十有八九会被拒绝，或根本得不到回应。时间是人最宝贵的资源之一，当我们与人（尤其是那些有望在某些方面帮助我们的人）建立关系时，尤其要注意这一点。

我们换一种更加深思熟虑而且明确的说法。

"我想让自己在同事面前更有气场。我是一个内向的人，在会议上很难坚持己见。我读了您在领英上发表的文章，其中提到自己是一个'安静而自豪'的内向者，这很符合我想成为的人。我想知道您是否愿意抽出30分钟跟我喝杯咖啡或在讯佳普（Skype）软件上聊聊天，我想更多地了解您的经历，并向您请教几个我至今没有理解的问题。"

这个请求的感觉与第一个截然不同：它更加体现了个人需求，证明你有过自我反思，并且是切实可行的（请求对方空出来30分钟与自己聊天或视频通话，而不是没有明确开始或结束时间的模糊要求）。在这种情况下，将产生相反的结果：90%的人会表示同意，因为大多数人都喜欢帮助别人。即使有人拒绝，他们也会告诉你可以向谁求助。

需要精心维护

人脉必须是活跃的。你的人脉和与你保持联系的一群人之间有着很大区别。例如，你可能在领英上有很多联系人，但这不一定会转化为活跃的人脉，正如你认识公司的很多同事并且跟他们打招呼，但无法与他们建立更深层次的联系。

经营自己的人脉会耗费一些时间，你需要清楚自己有多少时间，以及如何最高效地利用时间来建立适合自己的人脉。

活跃的人脉是你能够给予和获得价值的网络，无论是想法、时间、知识还是这三者的结合。

邓巴数字（Dunbar's Number）指的是你在任何一个时间点拥有的亲密关系数量。人类学家和心理学家罗宾·邓巴（Robin Dunbar）进行的这项研究表明，我们可以有150个普通朋友、50个亲密朋友、15个你寻求支持和信任的人，以及5个"最好的朋友"——其中通常包括家人。这些关系不是静态的，它们随着时间的推移而波动和变化。虽然这些数字指的是个人关系，但对于职场人脉也有一定的意义。

几年前，我们听到有人用园艺来类比如何建立人脉，即你应该"为你的人脉播种、施肥和除草"。"除草"这个说法可能令人不舒服，但它体现出你有必要慎重考虑自己的关系网以及为它投入的时间。你需要把有限的时间分成几部分，用于建立新的关系、维护正确的现有关系，以及考虑是否在某些目前不太重要的关系上减少时间。"修剪"或许是个更好的说法！

多样化

我们都有一种天然趋同的倾向，这让人感到安全舒适。这样做的危险是，你会自然而然地与一群你喜欢与之在一起消遣、跟你价值观很像的人交往。我们知道，多样化的团队表现最好。同样的逻辑也适用于你的人脉：它越多样化，就会越有效。多样性是一个宽泛的词语，因此在经营人脉时，你也应该广泛地应用它。

确保你的人脉中包含具有不同专业知识和经验的人，这将给你带来新的视角和想法。它还能让你接触新的概念和原本不认识的人，从而帮助你学习和发展。在为自己的人脉物色人选时，筛选标准不要太过狭隘，而且不要仅限于跟你同行业的人。记住：经验的多样性也包括经验比你少的人。刚刚步入职场的人会提供不同的视角——一个不受当前情况或者对某个机会或挑战的预设所限制的视角。

我们都有自己的工作风格，这体现了我们的优势和价值观。例如，你可能是个协作性强、为人友好的人；或者你具有出色的解决问题能力和对细节的高度关注。一些人在工作中更依赖直觉，而另一些人更喜欢根据事实做出判断。在经营你的人脉时，要将有着不同的工作和思维方式的人吸纳进来。花时间与这些人相处会有一定的挑战性，但他们会通过提问来促使你从不同的角度思考，并激励你拓宽视野、探索新的可能性。

2.评估你的人脉

在开始建立人脉之前，你需要认真思考几个问题。你建立了哪些牢固的关系？还存在哪些缺口？这些缺口代表着有提升空间的地方。评估人脉的一种方法是评估它对你的职业发展影响最大的3个方面的优势：

1.当前工作人脉——帮助你在工作中取得成功的人。

2.未来工作人脉——帮助你探索职业机会的人。

3.个人发展人脉——帮助你做到最好的人。

评估完当前人脉的优势后，你需要明确接下来的12个月应采取哪些行动来建立对目前最有意义的人际关系。

第一步

先根据下图，为现有人脉评分（从0到5分，0分表示你认为目前没有形成人脉，5分表示你的人脉非常强大）。在评分之前，记住前面提到的关于时间有限的观点；除非你把人际交往当成一份全职工作，否则在这3个方面全部得到5分是不现实的。将3个分数连在一起，形成一个三角形，代表你的人脉的形状。

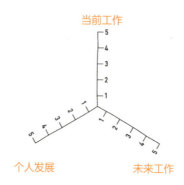

第二步

现在，想一想你希望12个月后每个方面打几分，然后填在图中，这一次用虚线连接。你或许对现在的人脉感到满意，这样的话，分数不会发生变化。再次将每个分数连接起来，形成第二个三角形。

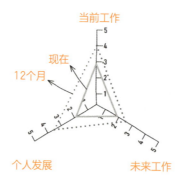

现在和12个月后的人脉

练习结束了，现在你可以看到现实和理想之间哪个区域的缺口最大，或者几个方面的缺口相同。我们建议你不要尝试同时完善这三个方面。你要做的是根据未来12个月的职业需要，优先考虑重点领域。你可能会把所有的精力和时间都用在弥补重点方面的缺口上，或者想要完善两个方面、但更多地偏向其中一个。找出目前对你来说最有用、最现实的东西，以及重点方面（如果可以的话，再加上次要方面）的缺口，并在下表中圈出来。

我的重点方面的缺口在于：		
当前工作	未来工作	个人发展
我的次要方面的缺口在于：		
当前工作	未来工作	个人发展

填补缺口

现在，你对人脉的缺口有了大致的了解，下一步是探索如何完善相关方面。我们建议你认真研究所有方面，而不仅仅是你关注的重点方面，这会激发你产生新的想法，从而打造更强大的人脉。

3.建立你的人脉

针对当前工作人脉的行动

如果你刚刚入职当前的工作，这很可能是你在这方面得分较低的原因，因为你还没有时间建立合适的关系。通常情况下，这个领域的分数是最高的，因为当前工作的人脉在每天的工作中会自然增长。然而，人们构建当前人脉的方法往往过于狭隘。不妨考虑一下下方给出的行动建议，它们有助于你为正确的人脉积极投资，从而在工作中发挥较高水平。

行动1：与身边的人建立合适的关系

我们经常把精力集中在做好工作所需的直接关系上。这个很重要，而且通常是我们关注的重点，但要记住，我们需要打造更大的人际关系生态。团队可以开展利益相关者映射练习，将你们在特定群体或职能中需要建立的关系具体呈现出来，并按重要性排序。影响力与支配力矩阵（Impact versus Influence Matrix）提供了现成的架构。另一种方法是询问同事和上级主管："我需要建立什么样的关系来帮助你有效地完成工作？"同样的问题也适用于你的团队：你需要建立什么样的关系让你和你的团队都变得更出色？

行动2：为当前工作培养合适的外部关系

强大的当前工作人脉包含内部和外部关系。为了建立一个有助于你在工作中做得更好的人际关系网，你需要在组织外探索相关关系，包括行业专家、思想领袖、合作伙伴，甚至是竞争对手。在工作中最好有一些"狐獴时刻"

"狐獴时刻"指的是我们将头探出组织外，寻找灵感、创意和机会的时刻。

（meerkat moments）。如果你想在某个领域采取行动，可以邀请在不同行业从事相同工作的人来参加下一次团队会议并发言（然后为对方做同样的事）。或者你可以寻找一些行业会议或专业机构的活动机会。

行动3：宣传你的顶尖优势（见第2章）

如果别人知道你擅长什么，那么当前的人脉对你的职业生涯会更有影响力。你和某人的关系可以从随意闲聊转变为更专注的讨论，从而有机会在工作中以新的、有效的方式发挥你的优势。你需要积极主动地与人们谈论你如何利用自己的优势在工作中创造价值，并针对你在哪些方面支持他们的工作提出建议。问问对方，你要如何进一步发挥自己的优势。这样做有两个好处：让对方对你的优势有个印象，并获得新的方法，提高你在工作中发挥优势的频率。

针对未来工作人脉的行动

这个领域的分数可能较低，因为你不确定下一步要做什么，或者你对自己目前的状态非常满意。但是到了申请新工作时才开始培养人脉，那就太晚了。在准备好采取下一步行动之前的很长时间，你就应该为未来的人脉进行投资。

行动1：分享自己的兴趣

人们只有知道如何做，才愿意帮助你。说清楚你的兴趣点在哪里，你就会惊讶地发现，面前出现了大量尝试和学习的机会。写下你在当前的职场环境中感兴趣的五件事：例如领导方法、创造性思维、项目管理等。接下来，向别人分享你对这些领域的兴趣，询问他们是否认识对这些方面较为了解的人，并推荐给你。这不仅会在他们的脑海中留下印象，还有助于你结识能够为你推荐发展或职业机会的新朋友。

1.＿＿＿＿＿＿＿＿＿＿＿＿＿＿＿＿＿＿＿＿＿

2.＿＿＿＿＿＿＿＿＿＿＿＿＿＿＿＿＿＿＿＿＿

3.＿＿＿＿＿＿＿＿＿＿＿＿＿＿＿＿＿＿＿＿＿

4.＿＿＿＿＿＿＿＿＿＿＿＿＿＿＿＿＿＿＿＿＿

5.＿＿＿＿＿＿＿＿＿＿＿＿＿＿＿＿＿＿＿＿＿

行动2：从事副业

过去几年，副业项目越来越多，我们将在"曲折的职业道路上的困境"部分中详细探讨它的利弊。除了有机会创造更多收入，副业的另一个明显的好处是有机会结交新的朋友。在未来的职业环境中，从事副业将有助于你尝试新的工作，建立自己的形象和声誉，并结识新领域的人。你有机会围绕自己感兴趣的话题与他人建立关系，从这时起，人际交往不再是你不得不做的事，你将开始建立有意义的关系。

行动3：加入现成的关系网

无论你未来要成为兽医还是漫画家，都有现成的线上或线下人脉，你可以直接加入。这让你有机会与其中的人一起探索职业选择。与面试相比，这里的环境更轻松，所以你会发现，人们比在正式场合更加直言不讳地讨论企业或行业的利弊。

探索未来职业可能性的最佳方式是保持好奇和开放的心态。找出身边对同样的职业机会感兴趣的人。是否有在线论坛可以参加、有机会发表演讲或有些专家可以在领英上关注？一旦开始积极采取行动，你会发现机会接踵而来，在相对较短的时间内，你在建立人脉方面将取得很大进展，而这些人将帮助你探索未来的职业机会。

针对个人发展人脉的行动

要建立强大的个人发展人脉，你要与能帮助你达到最佳状态的人建立关系。这些人在很多方面支持你的发展：对你提出挑战，给你诚实的反馈，在你最需要的时候提升你的自信。人们往往担心个人发展的关系是片面的：一个人付出，另一个人收获。但这种情况很少出现。这些关系通常为双方提供共同学习和发展的机会。

行动1：建立"长期"和"当下"的导师组合

最好建立一个由"长期"和"当下"两种不同类型的导师构成的组合。长期导师是你在一段相当长的时间里（几年而非几个月）与之保持关系的人。在你的职业生涯中，这些人将在很多不同的职位和组织中为你提供支持。长期导师只有少数几位，你需要和导师建立深厚而相互信任的关系，双方均需投入大量精力。长期导师很可能是从当下导师开始的，随着时间的推移，基于你们的相处逐渐发展起来。

相比之下，当下导师是在具体的情境中出现的。他们是你主动找到的人，帮助你在他们有经验的领域学习或提高，包括技能、行为、行业知识或三者的结合。这些人在某个特定时刻与你有密切的关系。你与当下导师的关系可能比较短暂，但也有可能维持好几年。例如，2018年，莎拉从大品牌公司离职，开始领导一家快速发展的小型创意机构，当时她找到了一位经历过相同转型的当下导师。这种关系在莎拉从事该职位的前12个月效果尤为明显，而如今，只有当莎拉遇到具体问题时，才会与该导师沟通。

行动2：争取赞助人

赞助人是拥护你的人。他们通常是你的上级领导，而且这种关系与导师关系不同。西尔维亚·安·休利特（Sylvia Ann Hewlett）是作家、公司首席执行官、赞助人领域的教育者，她将这种差异定义为"导师提供建议，赞助人付诸行动"。她的研究表明，拥有赞助人的人更有可能申请弹性办公，并且在要求加薪时更有底气。获得赞助人的最大挑战在于，你不能随便向对方提出要求，而要付出努力来争取。你可以通过两种行动来赢得赞助人：找到对方，表明你的目的。每个组织中都有一些人明显地拥护其他人，包括他们自己的团队成员和组织内的其他人。留意这些人是谁，探索合作的机会，甚至可以找机会加入他们的团队。

赞助人会专门谈论你在哪些方面做得好，以及创造了哪些价值，所以你要想清楚，你希望赞助人如何在背后评价你。举个例子，如果有人说"海伦很棒"，这是不错的，但他不是积极主动的赞助人。你想得到的评价应该类似于"海伦擅长领导需要变革的团队，她非常重视培养员工，并且愿意投入精力、目标明确地做好每件事"。你需要让赞助人看到你在工作中发挥了优势，从而发自内心地拥护你。

行动3：探索学习社群

寻找跟你有相同的学习目标的人，把他们添加到你的个人发展人脉中。你可以在感兴趣的领域中搜索现成的学习小组，例如语言或绘画学习小组。或者在组织中找到一个与你兴趣相投的学习伙伴。与其他人分享你的学习重点，并询问对方的学习重点。你将与有着相同爱好的人培养关系。与他人一起学习会产生强大的力量，使学习具有积极性和互动性，让人更愿意坚持下去。

4.创造职业"业力"

听上去似乎很老套，但根据我们的经验，好事往往发生在为他人做好事的人身上。而在人脉方面，这意味着在给予时不要期待即时回报。亚当·格兰特对高成就者的研究表明，他们有一个共同点：在采取坚定的行动来实现自己长远目标的同时，常常帮助其他人取得成功。换言之，他们是慷慨的给予者，愿意贡献自己的时间和专业知识，不遗余力地帮助他人。如果你开始关注自己能给别人什么，你在"人脉银行"的信用就会提升。当你根据自己的优势和兴趣去思考能为别人做些什么时，人脉就变成了你可以享受甚至期待的东西。毕竟，人际交往无非人们之间互相帮助。

给予和得到

读到这里，你可能会想："帮助别人是个好主意，但我没有什么可给予别人的。"根据我们在培训班上的经验，每个人都有可以奉献的东西。我们希望你可以在本书中学到一些有用的职业发展工具和技巧，并传授给其他人，但你能给予的比这多得多。真正的诀窍在于，将你的优势转化为对其他人来说有趣且有用的东西。

假如你在过去几年里一直从事副业或参加志愿活动。你可以利用所学知识组织一次专题会议，或者发表一篇博客，介绍开启副业的五个步骤；你也可以写一篇文章，说明志愿活动对你的意义。或者如果你热爱编程，可以利用自己的技能和热情帮助其他人入门，并根据自己的专业知识建立个人档案。

你可以从自己的优势和兴趣出发，思考你能够给予什么，我们将在本章接下来的练习中借鉴此处的成果。

你的"给予发动机"

即使你没有阅读第2章，仍然对自己擅长什么、享受什么、兴趣点在哪里有一定的了解。在下表空白处写下你的三个优势或兴趣领域。接下来，针对每个优势，写出将它转化为对其他人有用的东西的两个方法。表中给出了几个示例可供参考。

我的优势或兴趣	如何对其他人有用?
写作	1.每个月发表一篇博客文章，教他人如何提高写作水平; 2.主动为自己所处的行业组织撰写新闻稿
指导他人	1.与组织的新成员交朋友，每周与他们喝咖啡聊天，坚持三个月; 2.每个月提供一次全新的技能传授课程，并与团队分享课程要点
组织活动	1.与我参加并喜欢的活动的组织者沟通，询问对方在未来的活动安排中是否需要志愿者; 2.主动帮助上级领导安排拓展培训和社交活动
	1. 2.
	1. 2.
	1. 2.

你写出的所有行动都有两个共同点：耗费你的时间和精力。因此，你有必要将这些活动进行优先排序。排序的依据可以是你最自信的优势，你最感兴趣的想法，或者你认为对他人最有帮助的东西。圈出你心中的重点，并在下个月采取行动。

给予和得到

想清楚，你要从别人那里获得什么帮助，即你希望从人脉中"得到"什么，这有助于你与对的人建立关系，并成功地寻求他们的支持。先思考下面的问题：

"在接下来的12个月，我想学习哪些有助于职业发展和自我成长的知识？"

答案可以是行业知识、如何提升某些技能或其他组织的工作方式。越具体越好。因此，与其说"我想成为更出色的演讲者"，不如说"我想学习如何在演讲中讲好故事，从而与人更好地互动"。后面这句话包含了更加具体的学习目标和理由。在下表的左列写下3个学习目标。

学习目标	谁可以帮助我？
1.	
2.	
3.	

确定三个目标后，接下来想一想谁可以帮助你，并填写在右列。要弄清楚这一点，有3种途径。

1.与你已经认识的人交谈。明确了学习目标以后，不要低估当前人脉的力量。不要想当然地认为别人能或不能帮你做什么。你永远不知道这些人与谁有联系，也不清楚他们拥有哪些对你有用的经验。

2.**做好功课，寻找专业人士**。在向任何人寻求帮助之前，先做好功课。有了这么多现成的信息，你可以做一些初步研究。如果人们发现，你在去找他们之前做了一些思考和研究，他们会更愿意提供支持。与专业人士交谈的意义在于，他们可以在意想不到的地方创造价值。

3.**找人帮忙推荐**。留意身边那些拥有强大人脉的人。让他们知道你在寻求什么样的帮助，并请他们给你灵感或代表你建立关系。与天生擅长帮人建立关系的人分享你的重点学习目标，这有助于他们寻找可以帮助你的人。

行动：针对每个学习目标，确定你要求助的首要人选，把他们的名字写在上表的右列。

确定好人选后，你还要知道如何开口求助，下文提供了一些求助的技巧，以及遭到拒绝时如何应对。

如何求助：提前思考、清楚表达、尽量简化

如果你能说清楚需要什么帮助以及求助对方的原因，那么你的请求就更有可能成功。另外，要让对方知道你私下做了哪些功课，这将表明你学习的决心和诚意。

思考提出请求的时机。如果对方在做一个大项目，或者在财务部门工作，而现在正好是年底，那么他们不一定会及时回复你。最后，不要让他们猜测如何提供最好的帮助。如果你想见个面或者打个电话，直接说出来。要提前想好，并表达清

楚，让他们更容易答应。只要遵循这些原则，大多数人都会愿意帮助你。

如何应对拒绝

尽管你付出了很多努力，还是有可能遭到拒绝。这不是针对你个人的，对方说"不"的背后可能有充分的理由。如果有人拒绝，不要生气或反击。相反，要表示理解，如果可以的话，让对方推荐另一个人。"我理解，谢谢你。是否有其他合适的人可以推荐给我？"

对方没有回复怎么办

你还可能遇到另一种拒绝：对方没有回复。这可能有很多原因，例如对方不想帮忙，没有看到你的请求，向他们求助的人太多无法全部回复，或者他们看到了但忘了回复等。发过信息后，过几周再跟进。有时人们确实想帮忙，但由于这周工作太忙，他们忘记或错过了你的信息。

如果你找到了一个契机进行跟进，那就更好了。例如，如果有人发了一条推特信息，或者在网上发表了文章或动态，你可以这样对他说：

我非常喜欢你最近发表的关于灵活办公的文章，尤其是你重点强调了方法，而不是原因。我几周前联系过你，非常想跟你请教我应该如何在组织中实行灵活办公。如果你现在没有时间，没有关系，如果有其他人可以推荐给我，那就太好了。

这个留言的语气表明，你知道对方很忙，并对当时没有回复你表示理解。如果你仍然没有得到回复，也不要计较，别因此失去信心。寻找下一个可能对你有帮助的人或群体。

5.了解你自己在人脉中的角色

随着你在建立人脉方面越来越自信，接下来，你需要了解自己在各个人脉中的角色。主要包括4类。

角色1：消费者

消费者的角色意味着你加入了一个既有的人脉，获取到了现成的价值。这可能很有意义，你也会从别人的经验中学到一些东西，但其中更多的是"人们帮助你"，而不是"相互帮助"。成为有人脉的消费者是提升自信的好方法，因为这是较为简单、压力较小的社交方式。但是不要将精力全部花费在这里，因为如果你完全处于"消费"模式，就不太可能建立有助于你的职业发展的人脉。

角色2：贡献者

贡献者是向他人付出的人。这些人会在适当的时候付出自己的时间、想法或者技能。如果你是一名贡献者，这说明你积极参与社交，加深与人们的关系。向他人做出贡献可以很简单，例如邀请认识的人加入你的团体（你认为他们能够给予或得到一些东西）。或者如果你想做出更多贡献，可以直接询问其需要什么帮助。经营任何规模的人脉都要付出大量努力，所以对方会欣然接受你的帮助。

角色 3：连接者

连接者在人脉中发挥着强大的作用。他们的人脉非常强大，能够将人们连接在一起。这些人是中心，你经常会听到其他人谈论他们。成为一名连接者有很高的回报，优秀的连接者也享受这个过程。如果你愿意花更多时间在这上面，想想你打算在当前的人脉中将哪些人连接起来。新任领导是否可以向前任领导学习？你的指导对象能否从团队中的其他人那里获得建议？连接他人很简单，只需发送一封电子邮件或领英信息，并附上简短的介绍，以及你对如何从对方那里获益的看法。

角色 4：创造者

经营人脉的最困难之处在于创造自己的人脉。人们往往低估其中付出的努力，而当你找到很多人都感兴趣的东西时，他们会主动来找你。这样做的好处是，你在这个人脉中享有很高的知名度，你掌控着其中的人际关系，并且可以调整人脉的焦点，使其与你的学习目标保持一致。

现在，我们建好了人脉，也学到了一些具体的方法和需要避免的问题。接下来，开始行动吧！不要想太多，第一步是从小处着手，如果你提供的东西足够吸引人，人们会主动来找你，以消费者或贡献者的身份接受或提供价值。第二步是找其他人帮助你维护人脉，减轻你的压力。第三步是在交际的过程中介绍自己创建的人脉。人们往往会因为你在日常工作之外从事的活动而被你吸引。

行动：现在，你已经了解了人脉中的四类角色，在下表中写出你在每个角色上投入的时间百分比。想一想这个比例是否合适，你是否需要提高或降低某方面的百分比。

消费者： _____ %	贡献者： _____ %
连接者： _____ %	创造者： _____ %

关于建立人脉的建议和方法

对于打造曲折的职业道路，建立强大的人脉是一项必备技能。它需要花费时间和精力，而且是一个持续的过程。除了前文分享的行动，下面还有一些帮助你完善人脉的建议和方法（一言以蔽之，就是人们之间互相帮助）。

对于大型活动

1.寻找落单的人。如果你自己一个人参加活动，环视四周，看看是否有落单的人或3个人的小群体。如果对方只有一人，他可能跟你一样感到尴尬；而如果有3个人，那么其中很可能有一个人会跟你聊天。

2.结伴而行。如果你对于自己一个人参加活动感到不自在，可以邀请同样热衷于此类活动的朋友一起参加。

3.做好功课。在参加活动之前，争取要一份出席人员名单。确认是否有自己认识的人，或者有自己想当面拜访或在活动前发信息沟通的人。

对于一对一的关系

1.整理知识。找一些你认为对对方有用的文章或书籍，不要只把链接转发给他，尽量花一些时间总结对方可能感兴趣或与他相关的要点、引言或心得。

2.思考问题。想一想对方当前面临着什么问题，你能从哪方面提供帮助。主动联系他，分享你的建议。

3.时刻保持关注。如果你想与某个人建立关系，而对方职位较高或名气较大，你可以以他本人或企业的名字设置谷歌提醒，时刻了解他参加的重大商业活动，在有机会与他聊天时能切中要点。

对于网络关系

1.积极参与。开始有针对性地评论、标记或转发社交媒体内容。一段时间后，你将有机会与相关个人或社群进行对话，并与之建立关系。

2.邀请评论。当你转发或发表文章时，问问别人有什么想法，从而促进双向对话。

3.通过照片或视频展示自己。尽量找机会在个人简历或社交媒体中添加自己的照片或视频，让人们能看到你。这样显得你更加真实和容易接近，从而拉近你与他人在线上和线下互动中的距离。

小结

1. 人际交往无非人们之间互相帮助。

2. 在曲折的职业道路上，人脉可以帮助你建立有意义的关系、获得多样化视角和打造个人品牌。

3. 无论内向或外向，每个人都能建立成功的人脉。最好的关系是真实且适合你的。

4. 完善的人脉具备三个特征：目的明确、需要精心维护和多样化。

5. 评估人脉的优势和缺口，找出哪些关系能为你当前的工作、职业可能性和个人发展提供支持。

6. 最好的人脉依赖于你在不期待即时回报的前提下能向他人提供什么。

7. 要弄清楚你能为人脉做出哪些贡献，先了解自己的优势和热情，探索如何利用它们来帮助他人。

8. 不是所有人都会同意与你结交；不要因此而灰心或受到打击。

9. 了解你在人脉中扮演哪种角色：消费者、贡献者、连接者还是创造者。

10. 建立成功的人脉需要耗费时间和精力，并且是一个持续的过程。

第6章

CHAPTER 6

未来的可能性

即使你不知道未来要做什么，也不要感到内疚……
我认识的很多有趣的人在22岁时都感到迷茫，甚至
有些40多岁的人也一样。

——巴兹·鲁赫曼（Baz Luhrmann）

什么是未来的可能性

先说说什么不是，这样容易一些。未来的可能性不是僵化的规划或固定的终点；不是思考"五年后你要从事什么工作？"职业规划可以用于具有一定的确定性的工作，但不适合曲折的职业道路。我们不再依赖经过反复验证确定有效且可靠的工作模式：努力工作+保持忠诚=晋升（循环往复，直至退休）。

正如伦敦商学院教授、畅销书《百岁人生》（*The 100-Year Life*）的作者琳达·格拉顿（Lynda Gratton）指出，三阶段生活模式（读书、工作、退休）正在迅速消失。她表示，世界正在朝着新的趋势发展，即转型成为新常态，这要求我们保持灵活，获取新的知识，并探索不同的思考方式。《金融时报》（*Financial Times*）的一篇文章指出，我们最长应该规划五年的职业生涯，随着工作的临时性越来越强，重新规划既理性又必要。

> 曲折的职业道路是流动的，而不是一成不变的。

这种流动性对我们与雇主的关系也产生了影响。我们两人刚刚步入职场时，都对于"回到"之前的公司感到排斥，这似乎代表着在职业道路上"后退"了一步。但是现在，我们看到越来越多的员工回到原来的组织。推特公司联合创始人之一比兹·斯通（Biz Stone）就是一个例子，他在2011年离开了推特公司，2017年重新回到推特公司，执掌文化工作。

在不同的组织和职业之间来回跳动的过程中，我们的职业道路出现了多个方向。开明的组织认可员工以各种理由离职，包括职业晋升、积累经验、迁居外地或创办公司。员工保留率不再是评判幸福感的唯一指标。

放弃终点

我们要将目光从规划和终点收回来，关注哪里有更多机会和乐趣。任何形式的规划都意味着到了某一点要取得某项成果。对于很多人来说，成功的标准是实现了这个成果。然而，这种思维会破坏工作中的幸福感。积极心理学专家、畅销书《发现你的积极优势》（*The Happiness Advantage*）作者肖恩·埃科尔（Shawn Achor）对成功有助于提升幸福感的假设提出了质疑。他指出，现实正好相反：从长期看，能感到幸福的人是那些注重享受过程而非痴迷于终点的人，他们才是成功的。

如果职业规划行不通，我们要怎样做？是否应该忽略自己的未来发展，专心地享受当下？这样也许可以，但如果这样做，就会产生侥幸心理，这对于职业发展来说风险实在太大了。相反，我们应该通过接受当前职业道路的曲折性，并在此基础上思考未来。忘掉规划，关注可能性。

未来的可能性对于曲折的职业道路有何意义

了解和探索可能性将在3个方面促进未来的职业发展：

1. 掌握主动

我们与雇主关系的变化以及工作性质的不可预测意味着你现在格外有必要掌控自己的职业道路。不能依赖上级主管或组织为你提供清晰的发展规划，这些规划也不太可能长期存在。相反，在按照本书提供的方法了解自己后，你可以利用新的洞察来探索未来能尝试的不同职位。

2. 探索机遇

探索未来的可能性意味着我们对不同的职位和组织产生好奇。当你在思考自己可以凭借优势在哪些地方发挥影响力时，一条看起来笔直而短暂的职业道路会出现在眼前。将它与自己的价值观相结合，你将看到以前从未想过的职业可能性。发挥创意，你将解锁无限的未来可能性。

3. 找到适合自己的机会

职业道路朝着任何方向变化都会产生一定的风险，无论是在组织内的横向变化，还是转向新的行业，你需要深入思考这个机会是否与自己的优势、价值观或职业必备条件相匹配，从而提高成功率。这也有助于你获得更加全面的视角，确保自己是为了获得新的机会，而非逃离旧的岗位而做出改变。

本章分为两部分。第一部分提供了两种不同的练习，帮助你探索职业选择，并找出指引这些选择的职业目标。第二部分关注3项新兴职业技能——好奇心、反馈和毅力，我们认为，随着职业道路的曲折性提高，这3项技能只会越来越重要。

探索未来的可能性

未来的可能性指的是你有兴趣探索并作为潜在工作机会的职业领域。有一些可能性令你感到熟悉，而另一些相对陌生。无论如何，可能性都会激起你的好奇心，让你想进一步了解。

为了探索属于自己的可能性，你要培养积极探索的心态，发散思维，想象多种不同的未来场景。你可能倾向于想象与现在有关的可能性，但我们建议你发挥创意，探索不同的选择。

下面列举了4个不同的例子，供你参考。

1. 明显的可能性

这通常是最容易想到的，包括明显的下一步，以及你今天所做的事。它不一定是晋升；明显的下一步可能是为了积累更多经验的平行调动。明显的可能性指的是凭直觉有可能发生的下一步变化。

2. 理想的可能性

它是你在脑中经常思考，但仍然存在顾虑的机会。例如："我想我可以胜任经理的工作，但他的经验比我丰富得多"或者"我可以从大公司跳到初创企业，但我没听说过有谁这样做成功了"。假设不存在任何顾虑，你会探索哪些可能性？

3. 梦想的可能性

如果不受任何限制，你现在会做什么工作？必须去工作是这里唯一的限制，所以你完全可以享受它。这可能与你今天所做的工作类似，也可能完全不同，例如银行家去当厨师，行政助理去当警察，工厂工人去当园丁（这些都是我们看到的真实例子）。

4. 核心的可能性

这里重点关注你如何以新的方式发挥现有技能和优势。你可以从侧面思考你的优势可以在哪些其他地方产生积极影响。这些地方可以包括不同的工作形式，例如从私营领域转到公共领域，从全职工作转为自由职业，或从公司事务转为咨询；也可能是进入一个全新的行业。

在下页图中的每个部分写下一种可能性。

确定了一些未来的可能性之后，下一步是思考采取哪些行动来探索这些可能性。

行动：选择一个你想立刻开始探索的可能性，然后思考下面两个问题：

- 我需要了解什么？
- 谁可以帮助我？

第一个问题的目的是找出现有知识库中存在的所有缺口。你在探索过程中需要了解到哪些方面？这对你来说是一种新的可能性，所以也会有一些"未知的未知"，也就是"我不知道自己还不了解的东西"。在这里，你需要思考第二个问题。想想人脉中有谁能帮助你探索更多的可能性；然后进一步拓展思维——能够帮助你的人并不一定是你认识的人。找到能启发自己灵感的人，并阅读、收看或收听他们的作品。

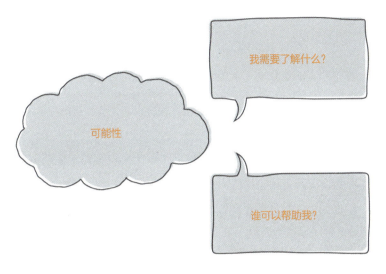

一段时间后，你会放弃一些可能性、添加其他可能性，甚至会发现，曾经梦想的可能性变成了理想的可能性，或者核心的可能性成为下一个明显的可能性。探索可能性需要耗费时间和精力，所以最好根据当前需求排列优先顺序。你可以在积极探索理想的可能性的同时，密切关注有关核心可能性的机会。通过有意识地找出可能性，你会发现自己自然而然地开始寻找探索更多可能性的机会，无论是你想会见的人、参加的活动、阅读的书籍还是报名参加的课程。

可能性的五种提示问题

我们总结了可能性的五种提示问题，帮助你开始探索未来的职业机会。其中每一种都包含两个问题，一个用于自我反思，另一个可以询问别人。你会发现，这些提示问题都与前文介绍的四大职业技能（优势、价值观、自信、人脉）有关。

1. 优势的可能性

自我反思：你正在探索的职业可能性是否有助于你经常发挥优势，尤其是顶尖优势？

询问别人：这个职位看重哪些技能和行为？

2. 价值观的可能性

自我反思：这一职业可能性是否让你有机会表现自己、发挥价值观？

询问别人：在工作内容/地点/同事等方面，我最看重的是_____。这些方面与这一行业或企业的工作是否匹配？

3. 自信的可能性

自我反思：这种可能性如何提升你的信心？

询问别人：这个工作中存在哪些需要你和团队保持韧性的挑战？

4. 人脉的可能性

自我反思：这一可能性是否有助于你利用人脉的"资源"，得到人脉的"收益"？

询问别人：你目前有哪些知识或技能缺口需要填补？

5. 未来的可能性

自我反思：这种可能性如何引出其他值得探索的有趣的职业可能性？

询问别人：在你看来，这支团队未来要如何发展？

莎拉的故事：从蓝图到产假

我喜欢做规划。多年来，我做过很多次迈尔斯-布里格斯性格类型指标（MBTI）测试，唯一不变的是我有强烈的"J"倾向，即判断力（judgment），它并不代表我是个喜欢评判是非的人（万幸），而是体现了我有组织性，喜欢做决策和掌控工作。举几个例子：我提前一个月就提交了工商管理硕士（MBA）的毕业论文；我会在1月规划好一整年的休假计划；我每次都在开会前10分钟进入会议室。

2010年，我在巴克莱银行工作时，决定做一份职业规划。我认为自己的规划堪称完美，其中详细写出了未来5年职业道路上的每一步。我对这份规划感到很自豪，并向上级主管汇报。认真听过后，她问道："你为什么想做这上面的每件事呢？"

我感到语塞。诚实地说，我把自己认为实现最终目标所需要做的每一件事都列了出来。这份规划与我的优势、兴趣和爱好没有任何关系。它只囊括了我认为自己应该做的事，而非我想做的事。但领导没有劝阻我，而是邀请我参加一场名为"齐聚伦敦"（Gather in London）的领导力大会，演讲者都是知名人士。其中有一位女性演讲者令我印象十分深刻，她叫奇拉·斯诺博尔（Cilla Snowball）。奇拉谈道，与其制订职业规划，不如明确你为组织创造的价值。

她敦促人们认真思考每一个职业选择，同时还要记住，只要你感到快乐并能不断学习，你的职业选择就不会有错。

她脚踏实地、平易近人以及坦诚的风格对我产生了持久的影响。从那一刻起，我改变了方向，不再制订职业规划，转而开始探索可能性。

9年后，我怀孕8个月时，公司宣布我所在的营销部门将进行大规模重组，这几乎影响了我的整个团队，我自己的职位也要取消了。我有机会申请一个类似的职位，但我感觉这不是正确的选择，于是我决定休产假。彻底离开公司，没法再回去了，我不知道接下来要做什么。即使处境艰难，但我感觉还不错，甚至对于下一步感到兴奋。我的心态已经从僵化的职业规划转向了探索可能性，因此我看到了一些不同的选择。我意识到自己有更多时间与海伦一道经营"神奇的如果"项目，也能好好想一想如何做咨询（我的一个价值观是变通，一项优势是战略思维，因此我一直对咨询工作很感兴趣）。我还回顾了自己带领团队的经历，决定在慈善机构或公益企业找找机会。探索这些可能性使我意识到，我想离开工作多年的大型组织，去一个规模小、增长快的环境工作，换一种方式来提升自己的技能。

我在探索不同选择的过程中享受着极大的乐趣，难以做出决定，但房贷和医疗费用提醒我，该做出选择了！我将几个不同的职业可能性结合起来，在一家快速成长的小型创意机构担任兼职总经理，利用其他时间经营"神奇的如果"项目。最近，我再次参加了让我接受职业可能性理念的"齐聚伦敦"活动，这次是为参会人员提供指导。与跟我在9年前的处境相同的人分享自己的经历时，我的建议是：放弃规划，探索可能性，你将找到适合自己的职业道路。

你的职业目标

未来的可能性关注你未来想做什么，现在我们要探讨你每天为何去上班。西蒙·斯涅克（Simon Sinek）在畅销书《从"为什么"开始：卓越的领导者如何激励行动》（*Start With Why: How Great Leaders Inspire Everyone to Take Action*）中谈道，组织有必要先思考"为什么"，而非"是什么"。例如，对于谷歌公司来说，"是什么"或许是"打造世界级的搜索引擎"，但"为什么"是"提供整理全球数据的方式"。在"神奇的如果"项目中，我们的"是什么"是"创建有影响力且可操作的职业内容"，"为什么"是"如果我们能提升所有人的工作体验，那不是很神奇吗？"后者比前者更加贴近个人、有人情味和说服力。每个人的目标都是独一无二的，你探索职业目标的方式也只属于你自己。接下来，我们将分享一些方法供你参考。

愿景板

　　愿景板是将目标视觉化展现出来的一种方法。它可以帮助我们将未来的想法变成有形的东西，每天激励你。

　　简而言之，就是眼见为实。

　　在开始记录愿景板之前，先通过几个练习获得一些想法：找出你的职业必备条件和价值观（见第3章），以及根据本章提供的方法探索未来的可能性。根据这些想法，搜索对于现在和未来具有代表性的图片。愿景板应包含生活的方方面面，而不止工作目标。

> 在接受一个目标之前，我们必须先知道它长什么样子。
> ——弗兰克·尼尔斯（Frank Niles），社会科学家

　　在创建愿景板之前，先注意以下几点。

- 谨慎挑选图片。设计师在为一个概念或趋势拼凑情绪板时，会精心策划和琢磨每一张图片。你在挑选图片时也要同样谨慎，因为每一张都代表着对你来说重要的

事物。

- 愿景板可以是实物，也可以是电子版，看哪一种最适合你。将它放在你能经常看到的地方，例如手机屏保或办公室黑板。

- 你可以自行决定是否与别人分享你的愿景板。它的作用仅仅是给你提供动力和灵感。

- 愿景板可以随时修改。随着生活的转变，愿景板也要随之修改，有些东西可能保持不变，其他的将被替代或完善。

个人宣言

如果创建愿景板的方法不适合你，不妨尝试写一份个人宣言。或者你可以同时尝试这两个互为补充的方法，获得不同的视角。

一份好的个人宣言包含三个关键要素：

1.它清楚地传达了对你来说重要的东西：你的信仰、观点、动机和意图。

2.它是你整个职业生涯的焦点和灵感来源。

3.它使用积极的语言鼓励你开展行动。

在个人宣言的最后，可以这样来结尾："幸福是……"

将脑中出现的任何想法或词语写在下方。

幸福是 _____

_____

_____

_____

_____

_____

_____

_____ ☺

你的个人宣言可以是词语、段落、故事或要点，任何对你来说有说服力的东西。最好每半年进行回顾，看看是否发生了变化。好的个人宣言是相对稳定的，它体现了你的生活目标，以及对你来说重要的东西。莎拉在2012年写出了自己的第一份个人宣言，只在她的儿子麦克斯出生时修改过一次。

莎拉的个人宣言：思考、创造、学习

成就：
心存高远，便能取得超出想象的成就。

学习：
永远好奇，永远进步。

人际关系：
花时间与自己关心且能够激励自己、对自己的生活有积极影响的人相处。

了解自己：

关注自己最擅长的东西，享受和热爱工作。

重视自己的工作，对其他人产生积极的影响。

幸福是：

汤姆（伴侣）、麦克斯（睡着时）、其他亲密的家人和朋友，运动，培育和创办新公司，帮助人们成功开拓曲折的职业道路，海边，秋天，小说，下午茶。

完善未来技能

培养核心技能，包括优势、价值观、自信、人脉和未来的可能性，将改变你掌控自己职业发展的能力。这些技能将在你的整个职业生涯中打下自我反思和行动的坚实基础。在过去几年里，我们找出了三种我们认为在工作中将越来越重要的"新兴"技能：好奇心、反馈和毅力。我们在培训班中介绍了这些技能，并发现它们对学员是有意义和价值的。为了推广曲折的职业道路，我们在工作中利用了有关这些重要技能的思考、想法和实践，帮助人们行动起来，获得领先优势。

未来技能1：激发好奇心

莎拉在面试中最喜欢提的一个问题是："可否告诉我，

你对什么东西最好奇、想了解更多，为什么？"很多人觉得这个问题很难回答。并不是因为他们不擅长自己的工作，恰恰相反。你很容易将目光聚焦于自己的角色和组织，而不会花时间去关注其他地方发生了什么。然而，保持好奇心是发现趋势、机会、风险和管理复杂性的关键，所有这些特征在曲折的职业道路上都很有用。

> 当一个孩子出生时，妈妈乞求天使赐予它最有用的礼物，我想那一定是好奇心。
>
> ——埃莉诺·罗斯福（Eleanor Roosevelt）

心理学家、企业家托马斯·查莫罗–普雷穆兹克（Tomas Chamorro–Premuzic）认为，人的好奇心不是由智商决定的，而是由好奇心商数决定的。好奇心商数高的人有着开放的心态和独到的想法。他的研究表明，如果你的好奇心商数较高，就能妥善应对歧义，将复杂的问题转化为简单的解决方案，并重视自身发展。哈佛商学院教授弗朗西斯卡·吉诺（Francesca Gino）也分享了一个权威的商业案例。她的研究表明，致力于培养员工好奇心的组织可以减少冲突，激发新的问题解决方法，并取得更好的成果。

保持好奇心离不开积极的努力，我们需要将它作为出色完成工作的首要方法。

一般来说，我们很难将好奇心

作为优先的技能。我们会认为有些好奇也不错，但没有把它当成工作中必不可少的一部分。有时候，我们并没有刻意保持好奇心，并在日常工作中期待它的出现。为了帮助你克服这种心态，我们分享了激发好奇心的3种方法，以及我们自己每天保持好奇心的各自的5种方法。

1. "狐獴时刻"

狐獴❶经常站起来环顾四周、感知危险并决定下一步去哪里。对我们来说，它是一种好奇的动物。我们鼓励人们以多种不同的方式为自己和同事创造"狐獴时刻"。在你的角色和团队中培养好奇心并不难，比如组建一个名为"好奇小组"的聊天群，在博物馆或展览馆等不同场所组织集体活动，或者在周会上让某个人用5分钟时间分享他们从不同职位或行业中获得的启示。

2. 建立自己的"好奇心档案"

《哈佛商业评论》（*Harvard Business Review*）提供了一份很棒的免费评估，叫作"你的好奇心档案是什么？"，它可以帮助你了解自己哪方面的好奇心最为突出。你可以建立自己的"好奇心档案"，了解自己在求知欲、反传统和经验好奇心这3个领域的好奇心水平。在工作团队中，你可以开展这一评估，

---

❶ 狐獴是一种小型的哺乳动物。——编者注

并在会上分享自己的档案。和一个与你有着不同档案的人合作，了解双方如何保持好奇心，这将是一件有趣的事。

3. 好奇心众包

"好奇心众包"是我们经常在培训班上做的小游戏。它的设计初衷是帮助人们分享和"窃取"彼此的好奇心，在大群体中的效果最好，但也可以用于小群体。

具体规则如下：

- 找到一个同伴，分享自己目前保持好奇心的一种方法（我们一般让所有人都站起来）。

- 二人结对去寻找另一对，4个人共同分享自己保持好奇心的方法。

- 不断重复这个练习，直到房间里的每个人站成一圈，分享自己保持好奇的一种方法。

在练习的最后，你将获得很多关于如何保持好奇心的想法。我们两人在下方各自分享了保持好奇心的5种方法，你可以从中"窃取"自己认为有趣的一种。

莎拉保持好奇心的5种方法

1.订阅斯泰克（Stack）服务。 Stack是一款杂志订阅服务软件，每个月会发送一期不同的杂志。你永远不知道会收到什么内容，因此会读到很多有趣的文章，例如宠物摄影或波兰经济状况等！

2.制定"随机"约见规则。我每个月至少与一个不太熟悉的人见面聊天，没有具体的主题或预期成果。有时候这些聊天很愉快，能够促成合作甚至新的人际关系。

3.与他人共同培养好奇心。找到同样希望培养好奇心的人，想想你们可以一起学点什么。例如，我们每个月在"照片墙"（Instagram）上举办"神奇的如果"专题书评会，我们两人读同一本书，与社群成员分享自己喜欢的语句、两人理解不一致的地方，以及是否会将这本书推荐给别人。通过这种方式，我读到了原本不会读的新书。

4.找到天生具有好奇心的人。有些人和品牌在好奇心方面略胜一筹。我比较喜欢的开放平台有创意设计资讯平台酷猎（The Cool Hunter）、演讲平台做讲座（Do Lectures）等。在这些平台中，你可以找到充满激情和创造力的人发表的励志演讲。

5.亲自尝试。根据我的经历，了解某个东西的最好方法就是亲自尝试。我对聊天机器人感到很好奇，所以在2018年，我们开始尝试针对"曲折的职业道路"这一主题创建一个聊天机器人，希望在你读到本书时，它已经出现在我们的网站上。如果没有，那也没关系，我们从纠正错误中也能学到同样多的东西。我们对于亲自尝试的理念是：完成比完美更重要。

海伦保持好奇心的5种方法

1.将"油管"（YouTube）作为参考指南。过去几年，"油管"

成为引导我的好奇心的重要方向。例如，在创办"照片墙"频道时，我想了解如何建立一个为其他人增值的社群，于是花了些时间观看"油管"视频和下一步推荐内容，获得了许多有用的见解和建议。在此基础上，我们完善了分享的内容类型，并向粉丝提出了更好的问题。

2.了解其他人都在收听什么。收听新的播客节目总能激发我的思考。我喜欢听取不同的观点和想法，而且播客可以在开车或通勤时收听，所以是激发好奇心的高效方法。我经常询问别人在收听哪些节目。这不仅能让我更加了解对方，还为我的订阅列表增添了新的内容。

3.与出租车司机聊天。对于我的这一习惯，莎拉总会笑出来。我愿意跟任何人搭讪。每个人都有精彩的故事，我喜欢和出租车司机聊天，了解他们的生活和经历、曲折的职业道路。不只是与出租车司机，我还会在火车和飞机上与其他乘客攀谈，在咖啡馆与其他顾客聊天等！显然，我只有在时机合适，而且对方看起来愿意聊天的时候才这么做，但由于我对别人的生活经历很感兴趣，这些随意的聊天总会让我感到很兴奋。

4.使用阅读器Feedly管理自己的好奇心。我们现在有大量书要读，有非常多的灵感来源，因此时刻跟上最新的思想潮流会让人不堪重负。Feedly是一款很棒的应用程序，它不仅免费，而且简单好用，将你订阅的所有新闻推送集中到一个平台上。你可以将网站按主题分类，观看"油管"视频（适合我提出的第一个方法）或阅读文章，没有任何广告。我不用再挨个查看邮件或者点开内置链接，因此有更多精力查看自己想深入了解的内容。通过这个应用，我也收到了一些原本可能错过的内容。

5.试用新的应用程序。我对于科技比较狂热，喜欢尝试新的应用程序。我会在杂志和应用商店寻找推荐的应用程序，然后下载并试用，以此来保持好奇心。这些应用程序并不一定符合我的日常生活习惯，因此我不会长时间使用，但尝试它们有助于我培养创意思维和提出新的想法的能力。

我们分享了保持好奇心的方法，现在该轮到你了，认真思考自己想在哪些方面保持好奇心，以及如何实现。

我目前保持好奇心的 5 种方法

在下方的表格中写下你要保持好奇心的5种方法。

_____

_____

_____

_____

现在，再想出一种帮助团队提升好奇心的方法。

_____

_____

_____

_____

未来技能2：提供有效反馈

反馈是一项天赋……理论上是这样的。研究人员格雷琴·施普赖策（Gretchen Spreitzer）和克里斯汀·波拉斯（Christine Porath）在2012年的研究中指出，帮助员工发展的最佳方式之一是向他们提供反馈。反馈可以创造学习的机会，并为人们提供能量。重要的是，研究还表明，反馈越迅速、越直接，效果就越好。

> 反馈是胜利者的早餐。
>
> ——肯·布兰佳（Ken Blanchard），作家、演说家

但是在向个人和组织提供有效的反馈方面，也存在一些重大障碍。在反馈会议上，我们会让参会人员写下他们能想到的所有关于给予和接受反馈的词语，然后将这些词语按照积极、中立和消极进行分类。结果因群体而异，但通常有50%以上的词语被归为消极一类。反馈所隐含的负面意义阻碍了人们寻求和给予反馈。如果你过去收到的反馈损害了你的信心，那么再次提出请求需要很大的勇气，

提供反馈是一项技能，大多数人没有接受过培训，也没有机会坚持练习。害怕羞恼别人只会让你产生逃避心理，不敢采取行动。

因为大脑天生具备抵御伤害的能力。

　　曲折的职业道路增加了更多挑战。远程工作、跨地域经营的组织以及不断有新人加入的项目团队，逐渐成为惯例而非特例。当面对面交流减少、临时工作和跨文化团队成为常态时，反馈方法只有符合工作环境才能产生积极影响。

坦诚相待

　　一些组织以一种全新的方式接受反馈，采用了一种叫作"绝对坦诚"（radical candor）的方法，第4章海伦的故事提到了这种方法。这一概念已经在硅谷的脸书和谷歌等知名度较高的企业中普及。金·斯科特（《坦诚相待》的作者）将它定义为"发自内心地关心，并直接提出挑战"。她的主张是，对他人保持绝对坦诚将有助于你取得最大成果，并建立最好的工作关系。

　　英国初创企业CharlieHR的联合创始人之一罗布·奥多诺万（Rob O'Donovan）在整个组织内部推行了"绝对坦诚"的方法。具体是怎么做的呢？举个例子，每周一，团队都会抽出一小时坐下来分享反馈。罗布站在前面负责协调，尤其注重分享负面反馈。例如，有人反馈他的电子邮件冗长。他感谢大家让他知道这一点，并承诺今后写邮件会更加简洁。他告诉我们，虽然这不是万无一失的，但当每个人都遵循这个理念，并且组织领导以身作则时，它可以产生很棒的效果。罗布感觉到，他的团队能够更快地发现问题并做出应对，团队成员之间也建立了更加深入的关系。他还坦率地指出，这并不适用于所有人，而且随着时间的推移，人的坦诚度容易降低，因此有必要不断激励和提醒每个人。

相关、及时、定期

大多数人的反馈经历往往分为两类。一类是在每年一两次的评估或绩效管理流程中正式接受反馈；一类是组织没有正式的反馈流程，而会采取一种非正式的方法，这意味着你会临时收到或者根本没有反馈。这两种方法都不理想，因为当反馈与个人目标相关、及时提供、定期分享时才会有最好的效果。我们将相关性（relevance）、及时性（real-time）和定期性（regularity）称为反馈的"3R"特征，它可以帮助你记住如何将反馈纳入日常工作。

相关。如果你要提供反馈，尽量保证具体和个性化。反馈与接受反馈的人关联度越高，就越有帮助。例如，与其告诉某人你认为他的演讲很出色，不如告诉他们为什么出色：

我认为你今天的演讲对团队产生了非常积极的影响。演讲内容与每个人都有关，而且感觉你本人也非常关心这个话题。

如果你能将反馈与对方的优势或发展领域结合起来，那就更好了：

我认为你今天的演讲对团队产生了非常积极的影响。我们之前探讨过，讲故事在影响和说服他人方面有着强大的影响，今天我亲眼见证了这一点。继续保持，效果很好。

及时。当反馈与有关活动密切相关时，它产生的影响最大。你不必等待与主管开会或正式述职时再提出反馈。如果你在一个项目、会议或演讲结束后当即给出反馈，就更容易详细描述你所观察到的内容，而且对接受反馈的人也更有帮助，因为他们能够及时反思自己的表现。一旦有问题需要解决，如果你迅速采取行动，就有机会挽回局面。

定期。当反馈成为一种习惯时，给予和接受它会更容易。如果它成为你的工作习惯，将开始对每个人产生巨大影响。"绝对坦诚"的一个优点是，它融入了组织的文化，成为组织内部的做事方式。在过去几年中，微软在整个组织内部采用了成长型思维的理念，包括鼓励员工提供和接受反馈，通过定期开展的对话活动分享观点。这创造了一种期望并鼓励定期反馈的氛围。

什么做得不错，怎么做会更好

"什么做得不错，怎么做会更好"是我们互相提供反馈，鼓励培训班学员分享观点的一种技巧。从几个方面来看，它比我们尝试过的其他技巧效果都要好。在反馈方面，语言很重要，"怎么做会更好"这种说法是向人们提供成长反馈的一种积极方式。学者埃米莉·希菲（Emily Heaphy）和咨询顾问马尔西亚·洛萨达（Marcial Losada）在2004年发表的一篇文章中指出，高绩效团队在每次提出批评时会同时给出5条以上积极的意见。使用"怎么做会更好"这种说法会从积极的方向提供反馈。

"什么做得不错，怎么做会更好"的方法非常简单，因此可以随时随地使用，例如在团队会议后，通过即时通信软件［如瓦次普（WhatsApp）或Slack等］发送消息，分享观点。许多公司已经开始接受这种反馈方式。酷客（Cook）是英国的一家食品制造零售商，2019年，该公司在《星期日泰晤士报》（*The Sunday Times*）最佳雇主中排第14名，在制造商中排第一名。酷客是我们的首批客户之一，它迅速在所有业务领域采纳了"什么做得不错，怎么做会更好"反馈方法。在零售商店，"什么做得不错"包括欢迎顾客和推荐产品，而"怎么做会更好"包括尽量让品尝员更快出门，熟悉新品牌的产品。在厨房里，"什么做得不错"集中在成功交付生产计划或快速制作三道新菜等领域，"怎么做会更好"包括需要改进的领域，例如下班前留出足够的时间打扫卫生。

情景、结果、影响

可以替代"什么做得不错，怎么做会更好"的另一个方法是SRI模型，即情景（situation）、结果（result）和影响（impact）。它是提供结构化反馈的有效工具，尤其在你需要向别人提供负面反馈的时候，它可以帮助你保持客观。

例如：

上周，领导让你针对一个新项目（情景）发表意见时，你的回应较为保守，没什么帮助（结果），这让人担心你只关心自己的工作，对整个团队的成功不感兴趣（影响）。

在事前使用这种方法，不仅能帮助你准备讨论内容，还可以让你自在地传递信息。这也将为你和对方创造一个更好的反馈环境。

通过下面 3 个问题，思考反馈是否有效

1.上一次你向人提供积极性反馈是什么时候？

2.上一次你寻求他人的反馈是什么时候？

3.你是否每周给自己反馈，思考"什么做得不错，怎么做会更好"？

未来技能 3：增强毅力

安杰拉·达克沃思[1]（Angela Duckworth）是毅力方面的专家，毅力指的是为实现长期目标而持续努力。她在《坚毅》（*Grit*）

随着我们的职业道路变得越来越曲折，要在哪里付出努力是一个重要的决定。你想花时间刻意练习哪个方面？为什么？

---

[1] 安杰拉·达克沃思，又名李惠安。——编者注

一书中指出，她对于成功人士及其成功的原因进行研究后发现，技能不只是与生俱来的东西，它是天赋乘以所付出的努力的结果。对于结果来说，努力再次成为关键。努力和毅力的重要性是天赋的两倍：

天赋 × 努力 = 技能

技能 × 努力 = 结果

> 毅力指的是将生活当成一场马拉松，而不是短跑。
>
> ——安杰拉·达克沃思

说到努力这个话题，我们有必要简要介绍马尔科姆·格拉德威尔（Malcolm Gladwell）在《异类》（*Outliers*）一书中推广的著名的"一万小时定律"。该定律的大致内容是，从运动员到音乐家，达到巅峰表现的人需要经过一万小时的练习。事实上，安德斯·埃里克森（Anders Ericsson）和罗伯特·普尔（Robert Pool）开展的原始研究证明了"刻意练习"的重要性。刻意练习指的是明确自己想要改进哪方面，找到最佳的改进方法，然后付诸行动，无论这个过程有多艰难。安德斯·埃里克森和罗伯特·普尔在《巅峰：如何实现非凡的成就》（*Peak: How We Can All Achieve Extraordinary Things*）一书中分享了他们的研究成果，其中指出，如果我们以正确的方式进行训练，将有极大的提升空间。你花在刻意练习上的时间越多，就会做得越好，唯一的限制就是你自己。

频繁的职位轮换，甚至是彻底的职业变动，都会增加可转移技能（而非限于特定职位的技能）的价值。无论你选择专注于什么，毅力是将技能转化为成果的关键。好消息是，我们都可以提升自己的毅力，下面给出了一些方法：

做令自己感到痴迷的事

确保你所关注的是吸引自己的问题。玛丽亚·波波娃（Maria Popova）就是一个很好的例子，她是"精挑细选"（Brain Pickings）网站的创始人，该网站体现了她对于"过上体面、充实且有意义的生活"的痴迷。十多年来，玛丽亚一直坚持将"精挑细选"网站打造为一个无广告网站，其资金完全来自用户的捐款。问问自己："我对什么感到痴迷？"花一些时间进行探索。

每天进步一点

努力让今天的自己比昨天更好。花点时间想想你因为什么而感恩，哪些事做得好。但也要反思一下如何能做得更好。写日记有助于判断你的感恩程度，以及可以在哪些方面获得进步。在过去的几年里，感恩日记变得非常流行。你可以借鉴这种方法，想想第二天可以在哪个方面取得进步。希望在每一天结束时，你能把前一天的任务从清单上划掉。记住，没有人是完美的，所以即使有一个任务没完成，也不要灰心。你可以将它顺延到第二天，或者圈出来，提醒自己将来或许还有机会用到它。

更大的目标

有毅力的人很清楚，自己的目标有助于实现一个比自身更大的目标。一个鼓舞人心的例子是企业家戴维·希亚特（David Hieatt），他创立了户外服装品牌Howies、牛仔服装公司Hiut Denim以及做讲座（Do Lectures）平台。他的目的不仅是获得利润，还有为在全球外包背景下受到损害的威尔士社群创造繁荣。他还在做讲座平台上发起了一项创办200家企业的倡议，致力于让世界变得更美好。

在现代职业环境中，人们经常讨论目标这个概念，人们似乎觉得有必要制定一个对社会或慈善事业有贡献的目标。一个更远大的目标是了解你的职业目标和你致力于实现的更大目标之间的关系。它可以是组织或行业目标，甚至全国或全球层面的目标。要确定更大的目标，先要把两件事联系起来：你为什么从事现在的工作，以及你的组织为何存在。

成长型思维

有毅力的人知道，大脑具有可塑性，无论我们拥有多少经验和成果，总能学到更多。微软公司首席执行官萨提亚·纳德拉将成长型思维作为自身发展以及企业复兴和成功的重要内容。即使身为一家大型全球企业的首席执行官，他也会说："我需要走出去，想一想：'我在哪些方面思想太封闭，或者在哪里没有表现出正确的成长态度？'"

想一想你在上面四个方面的自信程度，并按照低、低/中、中、中/高或高来给自己打分。然后针对每个方面写下一个让自己提升的想法。每一点下方都有一个例子，供你参考。

做令自己感到痴迷的事

低　　低/中　　中　　中/高　　高

想法：＿＿＿＿＿＿＿＿＿＿＿＿＿＿＿＿＿＿

＿＿＿＿＿＿＿＿＿＿＿＿＿＿＿＿＿＿＿＿＿＿

例子：写下与工作有关的一个令你感到痴迷的问题。还有一种方法是解决一个你想解决的问题。

每天进步一点

低　　低/中　　中　　中/高　　高

想法：＿＿＿＿＿＿＿＿＿＿＿＿＿＿＿＿＿＿

＿＿＿＿＿＿＿＿＿＿＿＿＿＿＿＿＿＿＿＿＿＿

例子：连续八天记录学习日志（包括一个周末）。每天结束前，写下你当天学到的知识，以及想在第二天改进的一个方面。

更大的目标

低　　　低/中　　　中　　　中/高　　　高

想法：＿＿＿＿＿＿＿＿＿＿＿＿＿＿＿＿＿＿＿

＿＿＿＿＿＿＿＿＿＿＿＿＿＿＿＿＿＿＿＿＿＿＿＿＿

　　例子：把一张纸折成两半。在一边写下你每天上班的所有理由。在另一边写出组织存在的所有原因。你能否画一条线，把两边的两个想法连接起来？例如，莎拉上班的理由之一是获得新的想法，而她任职的创意机构的存在是为了创造人们感兴趣的想法，所以双方很自然地联结在一起。

成长型思维

低　　　低/中　　　中　　　中/高　　　高

想法：＿＿＿＿＿＿＿＿＿＿＿＿＿＿＿＿＿＿＿

＿＿＿＿＿＿＿＿＿＿＿＿＿＿＿＿＿＿＿＿＿＿＿＿＿

　　例子：在一周的时间里，找出你没有发挥成长型思维时刻，反思自己面对问题时如何应对。你是否会变得警惕、愤怒、沉默、沮丧或不屑一顾？每当你有这种感觉时，通过思考一个问题，将你的心态转变回成长模式：我能从这种情况中学到什么？

面向未来，不断提升自己

　　到目前为止，你已经花了一些时间思考自己的好奇心、反馈和毅力。我们认为，这些技能在未来的职业道路上只会越来越重要，所以现在开始行动有助于为未来取得成功和探索有趣的可能性创造更多机会。而且，你不必同时以同样的速度培养所有技能，我们将在下一章详细讨论这一点。你可以选择目前对你来说最重要的一项，然后立即开始采取小的行动。最关键的是，不要将未来技能留到未来去考虑。如果你等到想换工作甚至转行时才开始思考本章提出的技能，就会花费远远超出预期的时间。

投入精力去打造自己的未来，你会惊讶地发现，前方职业道路上将出现很多不错的职业机会。

小结

1. "教育—工作—退休"的生活三阶段模式已经被包含多个阶段、多种转型的曲折的职业道路所取代。

2. 放弃职业规划，开始探索未来的可能性。

3. 定义你自己明显的、理想的、梦想的以及核心的可能性。

4. 为了深入探索一种可能性，你要想清楚自己需要了解什么、谁可以帮助你。

5. 未来的可能性关注"是什么"，而职业愿景则关注"为什么"。

6. 使用愿景板或个人宣言创建一个有说服力和启发性的声明，了解对自己现在的生活和未来的目标来说，什么是重要的。

7. 不断完善未来的职业技能。

8. 好奇心商数较高的人能够应对歧义，用新颖而简单的方法解决复杂的问题，并为组织争取更大的成果。

9. 反馈应当具有定期性、实时性和相关性。平均来看，人们对积极性反馈的需求是发展性反馈的 5 倍。"什么做得不错，怎么做会更好"是一个简单的反馈方法。

10. 毅力作为成功的标志比天赋更重要。通过做令自己感到痴迷的事，每天取得一些进步，致力于实现比自身更大的目标，并培养成长型思维，你可以提升自己的毅力。

接受曲折的职业道路

5项技能概要

在阅读最后两章之前，我们先回顾一下在曲折的职业道路上必备的5项技能。

> 获得领先的秘诀是开始起步。
>
> ——马克·吐温

第2章正式开启了本书的主题——曲折的职业道路，其中重点介绍了优势。了解自己擅长什么将有助于你享受工作，吸引合适的机会，并加入更高效的团队。在这一章中，你通过"四步法"探索到了自己的优势，并了解到如何在工作中发挥这些优势。

第3章探讨了价值观。价值观是能够激励和驱动你，让你成为"你"的东西。了解自己的价值观意味着你可以在工作中做自己，制定更好的决策，并对他人产生共情。了解自己的价值观会耗费一些时间，所以我们提供了工具，帮助你反思、辨认、浏览、排序和定义工作中对你重要的事情，从今天开始探索自己的价值观。

在第4章中，我们深入探讨了自信，以及如何培养对自我的信念、韧性和恢复能力。通过这一章，你找出了自己内心打击自信的"小怪兽"，即那些阻碍你从事重要工作的想法，并将它们关在笼子里，没法再妨碍你。我们讨论了回顾自己的成果和建立强大的支持体系的重要性。最后，我们给出了一些提升自信的小技巧，包括注意言辞，熟能生巧和保持冷静。

第5章重点关注人际交往，我们将其定义为"人们之间互相帮助"。我们认为，开发人脉潜能的秘诀在于关注你能给予而非得到的东西，我们称为"职业业力"。拥有强大的人脉意味着你可以发展有意义的关系，获得多样化视角，并建立个人品牌意识。我们提供了一些工具，帮助你评估自己的人脉，确保你建立人脉时满足了3个特征：目的明确、精心维护和多样化。

最后，在第6章，我们走进了未来！职业规划和目的地逐渐消失，取而代之的是探索未来的可能性。通过这一章，你确定了明显的、理想的、梦想的以及核心的四种可能性，现在便可以行动起来了。最后，我们以3种"未来"职业技能——好奇心、反馈和毅力——结束这一章，我们认为这些技能值得你现在开始投入时间和精力，为未来的职业生涯做好准备。

从小事做起，四处探索，与他人分享，不断坚持下去

当你读到这里时，我们希望这本书上已经写满了笔记，折了很多角，并记录了大量准备采取的行动。了解并利用自己的优势，践行自己的价值观，培养自信，建立人脉，探索未来的可能性，这些都是工具性技能，可以帮助你实现本书的目标：扔掉梯子，寻找机会，设计适合自己的职业道路。

曲折的职业道路上充满了机遇，通过积极采纳我们分享的工具和建议，你可以打造一个快乐、充实且成功的职业生涯。工作是我们生活中非常重要的一部分，我们应该抓住每一个机会，尽可能做到最好。

在本书的最后两章之前，我们还想分享三点建议，帮助你提升职业技能。

1. 开始行动，永不停步

本书提供的工具和建议可以在职业生涯的各个阶段提供帮助。经常回过头来温习一下。反复做前面的练习，看看有哪些新变化。坚持学习，随着你的成长和职业的发展，你将能够获得并

> 你已经具备了自我意识，并练出了"肌肉"。为了保持状态，你需要坚持训练，从而保持"职业健康"。

利用新的见解。

2. 与他人分享工具

你越多使用本书中的练习和工具，它们对你来说就越熟悉、得心应手并有效。此外，你可以利用它们帮助其他人了解如何在工作中做到最好，并对这些人的未来产生积极影响。

3. 现在开始行动

本书中的每一个练习都鼓励你针对自己的想法采取行动。

有时，我们会将自身发展排在待办事项的最后。我们都发自内心地想要提升自己，但总会有其他事情排在前面。然而，没有人比你更关心你的职业发展。你需要立刻开始行动，因为你的未来掌握在你自己手中。一旦迈出了第一步，就很容易养成惯性，实现积极变革。

请继续阅读"曲折的职业道路上的困境"部分，了解如何应对最常见的职业困境，并从"来自成功人士的100条职业建议"中获取灵感。你和你的朋友及同事将从中获得一些实用的建议和深刻的见解。

曲折的职业道路上的困境

通过为人们提供培训、管理和指导，我们观察到一些影响大多数人（不分年龄、资历、职位、行业、性别或地区）的常见职业困境。在本章中，我们将介绍人们最常提起的7种困境，并分享一些见解和想法。其中一些问题是由当今职业道路的曲折性引起的，例如"我应该开展副业吗"；其他问题都与工作有关，例如"如何实现工作和生活的平衡"；这些问题对你来说可能很耳熟，但答案更加体现了工作本质的迅速变化。

我们将通过分享研究成果以及个人观点和经验来解答每个困境。大多数都与本书的前几章存在关联，我们在每个部分的结尾进行了总结。如果你想更深入地了解这个主题，我们还提供了一些其他资源。

如果你想了解目前对你来说最紧迫的困境，可以寻找对应的页码并直接翻阅。

1.我应该开展副业吗？
（第180页）

2.如何寻找导师？（第185页）

3.如果组织不提供培训，我要怎么做？
（第191页）

4.如何实现工作和生活的平衡？（第199页）

5.我应该留下还是离开？（第201页）

6.如何打造个人品牌？
（第204页）

7.如果不在团队中，我要如何证明自己的领导能力？（第207页）

我应该开展副业吗

我们先来谈一谈，什么是副业。副业是指你在主业之外开展的工作。在过去的几年里，除了主业，人们大多从事一项甚至多项副业。你可以从人们的身份介绍中看出这一趋势。人们的身份逐渐多样化，例如营销人员/作家/筹款人，或撰稿人/音乐家/街头美食爱好者等。从很多角度看，拥有多重身份并不是一件新鲜事。以达·芬奇为例，他有许多身份：建筑师、艺术家、音乐家、数学家、发明家、工程师。但是，人们对副业的认识、其开放性和宣传度的提升，以及它为现代劳动者提供的自由，促使越来越多的人提出这样一个问题："我应该开展副业吗？"

　　副业有多种不同的形式和规模，每个人从事副业的目的也不同。对于为什么从事副业，有一些常见的理由，通常是要解决一个问题或尝试一个新的商业理念。根据我们的经验，其中也有个人的热情。在开始一项副业之前，问问自己："我为什么要从事这个项目？我的动机是什么？"为了让你有更深的体会，在本节中，我们分享了几个真实的副业案例，它们的起点各不相同。如果你已经选定或开始了一项副业，可以跳到本节的第二部分，我们将分享5种推动副业的方法。

源于兴趣的副业

　　这一类项目往往与爱好最接近。你有机会花时间做一些你个人热爱的事情，而这些事情通常与你目前的工作无关。这些项目很少以经济利益为目标，除了体验和娱乐，它们也很少有明确的目标成果。例如，与我们合作过的汉娜正在写一本以成长为主题的作品，这本书从多个角度讲述了一个女生在五六岁时、十几岁时、30多岁时的故事。汉娜的正式职务是一名战略家，这本书为她提供了一种专注创作的途径，还能让她精神放松下来。

为了解决问题的副业

有时，副业的出现是为了解决了一个问题，或者发现了市场上需求未得到满足的一个缺口。

安娜丽丝是培训班的一名学员，从事人力资源工作，她向我们讲述了自己为了解决问题而从事的副业：

我在筹划婚礼和准新娘派对时，总也找不到我想要的个人物品。2018年，遇到了"神奇的如果"项目之后，我不再以没有时间为借口，而是买了一台机器，借助Freedom Pot*开启了副业。我有更多的精力，并且期待下班回家开始创作。过了短短六个月时间，我已经看到了从事副业的好处。我觉得自己更有创造力，对社交媒体和如何安排时间有了更多了解，也有了一些额外收入。

*Freedom Pot是安娜丽丝就职的理财公司Money Supermarket提供的一项培训基金，员工可以选择如何使用这笔钱，只要与自身发展有关。这是一个了不起的项目！

用于检验想法的副业

有一些副业是为了检验一个想法，看看它是否可行。这是一种巧妙且低风险的方法，可以帮助你了解自己的商业构想在现实中是否可行。42%的初创企业表示，经营失败的原因是市场缺乏对其产品或服务的需求，因此开展副业尤其重要。这些项目（除非慈善性质）通常是为了在某个阶段开始赢利。Kindeo是一款专为家庭创建的应用程序，可以在网上分享和存储家庭故事，这款应用程序就是从一项副业发展起来的。联合创始人之一塞布·罗伊斯（Seb Royce）在发展这项

业务时仍然在一家广告公司担任执行创意总监。现在有很多知名的企业都是以这种方式起步的，包括推特（Twitter）、高朋网（Groupon）和"照片墙"等。

全力推动副业

为了全力推动副业，我们根据自己过去10年开展副业的经验以及对其他人的了解总结了5点建议。

1. 启动

对于副业来说，完成比完美更好。记住，这是你脱离日常工作的限制、尝试新事物的机会。这听起来很容易，但现实有时会存在困难。你心里很清楚，如果你有更多的时间、资金或专业知识，就能取得一些进步，但可能因此产生拖延心理，永远不会真正采取行动。事实上，学习和进步的最佳方式就是开始行动。启动副业的好处之一是，它将教会你如何在大量工作中排列优先次序。在大多数情况下，当你按照重点内容安排副

业的任务清单时，采取行动胜过尽善尽美。

2. 协作

与其他人协作开展副业有很多好处。你可以分担工作量，拓展人脉，与跟你有着同样爱好的人建立联系。当然，你仍然可以独自开展项目，因为你可能有属于自己的爱好或想法，想自行探索；如果是这样，你可以在线上或线下找一些现成的社群加入。斯蒂芬妮·布罗德里布（Stephanie Broadribb）是一位职业教练，也是犯罪小说作家。写作是一个独自探索的过程，但是要保持与他人的接触，因此她与其他作家协作，在英国各地的监狱里举办创意写作培训班。

3. 分享

与尽可能多的人分享你的副业，因为你永远不知道谁能帮助你。谈论自己的项目会让你有信心向他人解释你的想法，并且会让你成为有趣的聊天对象，因为你将展现出对项目的热情。必要时，还可将副业添加到你的简历以及领英等平台的个人资料中。

4. 学习并实现飞跃

将每一项副业作为了解自己的机会：你喜欢做什么，认为什么很难，想在哪方面付出精力，以及面临着哪些障碍。这些都有助于提升自我意识，并且可以应用到曲折的职业生涯的各个方面，而不仅仅是副业本身。把每一个新的项目都看作前一个项目的飞跃——即使结局惨败，也会有一些教训可以吸取。

5. 乐在其中

如果你不喜欢自己的副业，那就有问题了。这些项目是在工作之外发挥优势和实现价值观的机会。如果它在任何时候都无法让你乐在其中，或者给你带来了太大压力，你需要停下来，去做下一件事。生命短暂，不要浪费在自己不喜欢的工作上！

如何寻找导师

我们在第5章探讨了与能够推动你的职业发展的人结交的重要性。其中一些人可能成为你的导师。我们将导师定义为"提供见解、建议和想法，帮助你学习和成长的人"。这些人往往在成功的职业生涯中起着关键作用。正如加纳"智慧青年志愿者基金会"的创始人莱拉·吉夫蒂·阿吉塔（Lailah Gifty Akita）所说："每个卓越的成功者都受到卓越导师的启发。"人们往往不知道如何找到合适的导师并与之建立关系。为了应对这一困境，我们将先克服一些误区，然后集中讨论帮助你找到导师的3个问题，最后通过几个具体的例子教你如何着手。

关于导师的5个误区

误区1：导师一定要资深

导师是"提供见解、建议和想法，帮助你学习和成长的人"，但不一定是资深的人。在曲折的职业道路上，将自己局限于一种类型的导师会束缚导师对你职业发展的影响。组织纷纷意识到了这一点，并积极推出了反向指导计划，一般来说是年轻员工在他们有独特见解的领域（如数字技能或多样性和包容性）指导更有经验的年长员工。你不需要通过组织培训来获得不同的学习机会。我们最近培训了一个小组，其中一名学员在之前担任教师时培养了出色的演讲技巧。她的经理意识到了这一点，并让她在演讲方面指导自己——这是她想要改进的领域。

误区2：指导关系是一种长期关系

有效的指导关系可以是一次性的电话交谈，也可以是不限期的"随时都在"的关系。在曲折的职业道路上，我们拥有的导师数量可能会增加，短期关系的数量也会增加。如果我们更频繁地更换角色、行业甚至职业，至少有一些指导关系需要改变，从而适应新的工作环境。一般来说，只要指导关系对所有相关人员都有价值，就应该维持。

误区 3：没有人愿意指导我

人际交往的内涵在于"人们之间互相帮助"，而且通常来说，人们喜欢并珍惜帮助他人的机会。在指导关系中，接受指导的人往往担心自己获得全部价值而无法提供任何回报。但是在我们与一些导师交谈时，他们会表示在过去一周，为他人提供指导是自己最开心的事。如果你以前没有指导过任何人，我们强烈建议你尝试一下。无论你是提供还是接受指导的人，都可以亲身体会到从这段关系中能获得多少价值。

误区 4：你要主动开口

指导听起来或许有些正式，而且意味着要投入大量的时间。当你主动接触某个人，向对方寻求指导时，不必这样问："你愿意成为我的导师吗？"事实上，我们建议你不要采用这种方法。你可以询问对方是否可以抽出时间通个电话或面对面聊天，就你想了解的话题进行简短交流。这种方法的效果会更好，原因有多种：你提出了一个更容易接受的请求，因为它占用的时间较少，而且较为灵活；如果你说清楚自己需要什么帮助，对方接受起来也会更容易。如果对方觉得自己没有能力帮忙，他们通常也会推荐其他人。这种方法还为你提供了一个非正式的"意向接触"的机会。有些人会跟你合拍，他们更有可能成为你的长期导师。对于其他人，你可能会与之进行一次有意义的对话，这仍然是一场成功的指导。

误区5：你必须了解你的导师

一对一指导关系的优势在于，你将根据自身情况以及具体的环境、机遇和挑战有针对性地获得建议和想法。然而，随着技术的发展，我们现在可以接触到更多的励志人物，这些人我们可能从未见过，但他们仍然可以帮助我们在职业生涯中学习和成长。我们称这些人为"远程学习导师"。你可以找到一两位远程学习导师，并花些时间探索他们的工作。莎拉的一位远程学习导师是哲学家罗曼·柯兹纳里奇。她没有见过罗曼，但花了些时间研究罗曼的最新成果，包括参观他的快闪"同理心博物馆"，以及重读他的作品《重新活在当下》（*Carpe Diem Regained*）和《百宝箱》（*The Wonder Box*）。最好保证大多数导师都是你认识的人，同时选择一两位远程学习导师作为补充，为你的发展带来新的思路和视角。

如何找到导师：3个问题

花些时间思考你需要哪方面的指导以及原因。这有助于你更容易地找到导师，并发自内心地向对方寻求指导。

具体要关注的3个问题是：

1.我想学习哪些东西，为什么？

2.在我认识的人中，有谁可以帮助我，或者引荐能帮助我的人？

3.我如何以有趣而真实的方式寻求指导？

这些问题没有明确的答案，它们依赖于你现在和未来所需要的支持。

与其直接开口寻求指导，不如先问问自己："我想学习哪些东西，为什么？"

举例说明如何向他人寻求指导

向他人寻求指导时，你会遇到以下两种情况之一：你认识对方，或者不认识对方。我们建议你根据具体情境来调整方法。为了详细说明，我们针对每种情况提供了一个例子。

向不认识的人寻求指导

这里的关键在于，向对方表示你了解和欣赏他们的工作。如果没有这一点，那么你的请求在对方看来是没有准备或者随机的。下面的例子便是一个有准备的请求：

我读了你在领英上分享的关于气场的文章，你提到了要把握自己的呼吸，让我深有感触。在一大群人面前讲话时，我总是很难自信起来，但我希望自己可以更自信一些，因为我渴望分享我在儿童发展方面的工作。不知你是否愿意抽出半个小时来和我聊聊关于这个话题的其他方法和技巧。如果你现在没有时间，那也没关系；如能推荐其他人给我，或者推荐一些相关的作品和内容，那就太好了。

非常感谢。

瑞秋

向认识的人寻求指导

你可能已经有一段时间没有跟这个人联系了，所以你要提醒对方上一次联系是什么时候，或者你们最初因何相识。在信息中表示对对方及其背景有一些了解，例如：

你好，加雷斯，凯瑟琳·沃特斯（Katherine Waters）向我推荐了你，她觉得你或许能帮助我实现正在探索的职业转型。我目前从事信息技术行业，在下一次职位变动中或将承担领导职责。我知道你最近有过类似的经历，如果你能与我分享，我将不胜感激。我经常待在伦敦，所以可找个适合你的时间到办公室拜访。我知道你最近入职了新工作，事务繁忙，所以如果现在不方便，那也没关系。我附上了最新的简历，希望有所帮助。期待与你见面。

非常感谢。

亨利

如果对方拒绝，你要怎么做

我们在第5章提到过，如果你的请求没有得到回应，或者对方拒绝了你，不要太过在意。这可能有很多原因。对方可能面临着个人生活的压力，被当前的工作占据了全部精力，对自己的指导能力缺乏信心，或者已经为很多人提供指导，等等。别灰心。所有这些变数都不受你的控制。你能控制的是自己下一步怎么做。能为你提供帮助的不止这一个人。如果很多人拒绝了你或没有回复，你能改变方法吗？科技企业"点滴"（Dots）的创始人皮普·贾米森（Pip Jamieson）向科技行业内多名女性创始人寻求指导，但很难获得支持。她意识到，女性创始人的数量太少了，每个人都会收到大量请求支持的信息，于是她转移了方向，开始访问那些她了解到有女儿的男性创始人，最终成功了。她得到了一些知名男性导师的大力支持。

如果组织不提供培训，我要怎么做

　　国际商业机器公司（IBM）的一项研究显示，觉得自己在公司没有进步的员工离开公司的可能性要比其他员工高出12倍。如果组织不去争取让员工和组织本身都受益的培训机会，一些员工会感到沮丧。遗憾的是，并非所有的企业都能很好地为员工学习提供支持，甚至有时一些企业会阻止员工参加有助于个人职业发展和业绩的培训。小型组织必须做出艰难的选择，决定将其有限的可自由支配资金用于何处。大型组织可能会优先投资于学习，使尽可能多的员工的学习需求得到满足。

　　我们每年都会听数千人分享自己曲折的职业经历，其中那些快乐且成功的人都是能够把握自身职业发展的人。当然，每个人都希望上级领导和组织会支持他们的发展，但不能依赖他人帮你做决定。你要清楚自己想学什么，以及如何实现。有时候这说起来容易，但做起来难，所以我们总结了三个行动，简单易行，可以帮助你实现自身成长。

行动1：申请全额或部分助学金或奖学金

　　资金对组织和个人来说都有可能成为学习的障碍。然而，大多数行业都提供了助学金或奖学金。如果你没听说过，可以在人脉中多方打听，寻找有过类似学习经历的人，了解他们如何现在具体项目上获得资金。一旦你开始寻找，就会惊喜地发现机会有很多。当你找到合适的资源，尽早与领导和组织分享你的计划。这让所有相关人员有更多时间来考虑自己是否能够支持你。即使组织无法在财务上支持你，也可能愿意以其他方式提供支持，例如允许你休假去学习。如果组织不提供支持，你也证明了你看重学习，有好奇心，并且有取得成果的动力。这些都是大多数组织重视并希望保留的品质，因此你最终可能会收获与最初期望不同的机会，例如借调甚至升职等。

> 发挥创意思维，想想组织除资金外还可以通过哪些方式支持你的学习，例如学习时间、项目机会和指导。

行动2：制订你自己的课程表

在各种技术的帮助下，制订自己的学习计划比以往任何时候都更加切实可行。但是有这么多现成的内容，让人无从下手。Coursera、Skillshare、LinkedIn Learning和Udemy等在线教育平台免费或低成本地将高质量的内容整合起来，可以给你一些灵感。在制订自己的课程表时，你要思考两件事：你想学什么，以及如何学效果更好。如果有其他人陪伴，或者可以从他们身上学习，那么效果可能会更好。你不一定需要到现场，因为很多课程都创建了在线社群，人们可以通过实时问答等方式一起学习。这种灵活性意味着你可以不断调整课程表，但我们建议你将学习目标保持在1~3个，否则就有可能把精力和时间分散在太多事情上。学习目标可以是个人学习和专业学习的结合，你的学习风格将根据个人喜好和目前的学习内容而有所不同。

行动3：在组织中倡导学习

如果你希望自己的团队、部门或组织改变为员工学习和发展提供的支持，你需要思考如何倡导这种改变。你可以从小事做起，分享你正在学习并且认为可能与其他同事有关的东西，例如分享一篇文章或你参加过的活动。这是一个与不同的同事相处，了解他们认为哪里存在学习缺口、面临哪些障碍的绝佳机会。你也会遇到其他倡导学习并愿意支持你推动变革的人。

记住，要从小事做起。不要试图一次性解决组织的所有学习需求；选择最重要的一个，然后建议进行试验或试点，进行快速检验和学习。一旦你建立起势头，就会有更多人支持你，从而更容易获得投资和进一步拓展。

如何实现工作和生活的平衡

这可能是我们被问到的常见的职业困境，而且并非没有原因。大多数人都渴望实现工作、健康（身体和精神）、家庭和精神需求的平衡，但这一点很难实现。

关于如何解决这个困境，似乎有无数的建议，包括尽量排除干扰，更高效地工作，设定并坚持界限，通过冥想来保持状态，以及通过培养爱好来提升幸福感等。我们认为，所有这些建议都是可行的，但它们并不总是适用于所有人。

> 每个人对平衡的看法都不一样，而且它不是静止不动的。你能采取的最好办法就是掌控自己的选择，实现目前适合你的平衡。

创造适合每个人的"工作和生活蓝图"不仅不现实，而且会影响人们思考真正重要的问题：对自己来说，到底什么是"好"的。没错，科学家指出，我们需要确保一定时长的睡眠才能达到最佳状态（关于具体数字，请自行研究），但除此之外，你如何做到最好，以及对你来说什么才是正确的平衡需要你通过个人反思和行动来解答。你甚至需要认真思考"平衡"这个词的含义。它暗含着一边是工作、另一边是其他所有一切的意思，这感觉与当今的现实不符，因此一些人创造了自己的定义；例如，脸书公司首席运营官谢丽尔·桑德伯格（Sheryl Sandberg）更喜欢使用"工作与生活的整合"这个说法。

根据我们自己的经验，平衡是一只跑动的野兽，试图约束它可能会令人沮丧。多年来，笔者二人兼顾着副业、做母亲、全职工作和学习，在这段时间里，我们两人对于平衡的看法都发生了变化。跟他人相比，我们的观点可能有所不同，但这没关系，因为要提升自己的幸福感，你必须有意识地花时间做你喜欢的事情。利用自己的洞察力做出明智的选择可以让你把握自己的时间。

为了重新掌控自己的时间并实现自己独有的"整合"，你需要关注两个相互关联的方面：

- 感受。关注自己在一天、一周、一个月或一年内的表现，并积极地维持或调整自己的感受。
- 选择。在生活的各个方面都主动且自信地为自己做出正确的决定。

你有什么感受

有时，我们会在一些培训班开始之初做一个不记名练习，要求每个人用一个词语回答以下问题："你现在的生活感受如何？"然后，我们让他们再用一个词语回答另一个稍有不同的问题："你希望如何描述目前的生活？"有些人对于这两个问题的答案是相同或接近的，这很不错。但通常情况下，两个答案完全不同。大多数人将自己目前的状态描述为：紧张、焦虑、沮丧、忙碌和疯狂。在最近的一次培训班上，甚至出现了"晦暗"这个词。

相比之下，人们经常用来描述他们所期望的状态的词语包括动力十足、充满活力、有灵感和幸福的。挑战在于，人们往往不确定如何将消极的感受转变为积极的，甚至更糟糕的是，他们担心这或许无法实现。从练习结果来看，最坏的情况是，工作成为人们巨大的压力来源之一，无法带来满足感。但随着我们越来越意识到压力对生活产生的负面影响，这些问题就更容易解决。

花一些时间，自行思考下面两个问题：

你会用哪个词来形容目前的生活感受？	你会用哪个词来描述自己对目前生活的期望？

你做出了哪些选择

要认识到，你至少可以在一定程度上支配自己的时间。虽然工作压力或家庭需求可能会在当下带来挑战，但从长远来看，你的决定和选择将影响你对工作和生活平衡的满意度。

回想你对于两个有关感受的问题的答案。你目前所做的选择对你有利还是不利？你或许选择在晚上工作，从而为第二天的会议做好准备，但你会因为没有从"日间工作"中得到休息而心怀怨念；你选择每天花几个小时浏览社交媒体，却因为没有时间阅读新书或学习新技能而感到沮丧；或者你坚持睡觉时把手机放在楼下，这样可以睡个好觉，白天精力充沛。

写下你对目前做出的对工作和生活的平衡产生积极或消极影响的选择有什么想法：

我所做的对实现工作和生活的平衡没有效果的选择：	我所做的能够实现工作和生活平衡的选择：

根据这些答案，你可以有意识地做决定，尽量减少对你不利的选择。要知道，立刻改变所有的选择是很难实现的，所以我们建议从你认为在短期内影响最大的选择开始。这将激励你坚持下去，不断提升自己。

帮助你实现平衡的选择

如果你仍然无从下手，或者需要一些灵感，我们给出了5个选择，或许可以帮助你采取行动。

选择 1：获得足够的睡眠

我们都知道，睡眠很重要，而且相关研究成果也很有说服力。大脑每晚需要七八个小时的睡眠；少睡一点，你的注意力、创造力、情绪管理能力和工作效率都会下降。过去几年，提升睡眠质量的产品急剧增加，表明我们比以往任何时候都更需要帮助来放松和安睡。笔者二人都有年幼的孩子，充足睡眠成为奢望，因此近年来我们尝试了一些方法来获得更多的休息。通过阅读近藤麻理惠（Marie Kondo）的作品《怦然心动的人生整理魔法》（*Spark Joy*），我们两人都做了一次清理，尤其是尽可能保持卧室整洁。海伦不再将手机带进卧室，好让自己放松下来。莎拉努力锻炼，哪怕只是每天步行30分钟，因为她知道这会帮助她更快入睡。

选择 2：锻炼身心

走步对你的大脑和身体都有好处。只需步行12分钟，你的注意力和自信就会提升，创造力平均将提高60%，因为锻炼会激发不同脑细胞之间的联系。我们的一位朋友伊恩·桑德斯（Ian Sanders）经营着一个名为"燃料之旅"（Fuel Safaris）的项目，主要提供走步训练课程。伊恩发现，在走步的同时提供训练使得项目会员拥有更开放的心态，能够解决问题，并主动采取行动。选择举办步行会议可以让人在工作中更投入、更有影响力，并使工作时间更有意义。

选择 3：休息一下

正如对于埃隆·马斯克（Elon Musk）宣称自己每周工作120小时一事，阿里安娜·赫芬顿[1]（Arianna Huffington）公开回应称："人不是机器。对于机器（从第一次到第四次工业革命）来说，停机是一种故障；而对于人类来说，休息则是一种特征。科学对此表达得很清楚。"每个人都能从规律的休息中获益，无论是午休还是为期两周的度假。现在，科技已经成为大多数人生活中不可或缺的一部分，它让生活变得更轻松，但也让人无法真正脱离工作，所以你要找到新的方式来休息。大多数通信终端设备都可以暂时关闭，我们也可以选择关闭造成不必要干扰的通知等功能。《工作的乐趣》一书作者布鲁斯·戴斯利提醒我们，通过关闭造成不必要干扰的通知，我们将在工作中拥有更多的精力和创造力。布鲁斯引用了西班牙电信公司和卡内基梅隆大学的一项研究，研究对象需要在24小时内关闭造成不必要干扰的通知，看看结果如何。仅仅在一天之后，他们的工作效率和注意力都有所提高，两年后，一半的志愿者选择将通知保持关闭状态。

选择 4：交个朋友

工作中的孤独感和相互隔绝逐渐成为现实问题。一项研究表明，42%的人在办公室中没有任何朋友。共享办公桌、多

---

[1] 《赫劳顿邮报》（*The Huffington Post*）创始人。——编者注

个工作地点、灵活的工作时间和项目工作制成为我们的职业特征，很容易看出，这种环境会让人们更加孤独。游动自由职业者联盟（The Hoxby Collective）是一家所有员工都在网上办公的企业，它鼓励员工在线下会面，居住在同一地区的员工可以选择轮流在彼此的家里或在当地的咖啡馆办公。这个办法易被实施，例如邀请某人在办公室外与你共进午餐，或者分享你正在参加的与工作相关的活动并询问是否有人愿意加入你。

选择 5：不要有愧疚感

你是否曾为了去做你喜欢的事情而早退，并为此感到愧疚？你是否在改变工作模式后，对别人说过这样的话"很抱歉，我无法参加会议，周四上午我要10点才能到公司"？我们发现很多人为自己对于实现工作和生活平衡的选择道歉。这意味着他们不够积极乐观，也缺乏掌控力；相反，他们会感到难堪甚至墨守成规，而不是通过采取行动来提升自己的表现。

如果你有类似的感受，那么从现在开始关注自己为工作选择而道歉的频率有多高。例如，你每天或每周说过多少次"抱歉"？关注是否某些人或情形让你产生了愧疚感，并克制自己说出道歉的话。你的内心或许存在一只打击自信的"小怪兽"，如果你需要更多帮助，请参阅第4章。

我应该留下还是离开

是否应该谋求下一份职业（无论是在目前的组织中，还是跳槽到新的组织），往往是一个艰难的决定。关于在一个职位或组织中应该工作多久的旧"规则"不再适用，因为曲折的职业道路意味着我们都在适应不断的变化。即使你在同一个职位上工作好几年，它也可能会随着时间的推移而改变。我们建议你思考几个问题，从而针对下一步行动做出明智的决定。

你是否感到快乐，并有所成长

英国知名广告公司阿博特–米德–维克斯公司（Abbott Mead Vickers）前董事长兼首席执行官、莎拉的长期导师之一奇拉·斯诺宝就如何决定是否担任新角色给了莎拉一些极好的建议。问问自己：你是否感到快乐，并有所成长？只要这两个问题的答案都是肯定的，那就考虑留下来。如果有一方面是否定的，或许你该挪动一下了。奇拉在该广告公司工作了26年，她说自己在那里待这么久，是因为这两个问题的答案都是肯定的。

下一份工作做什么

如果你正在考虑下一步行动，想想这个职位会给你带来什么。它如何帮助你继续探索对你来说很重要的职业机会？它带来了哪些新的可能性？

　　你可以花些时间认真思考一份工作机会；不要在自己准备好之前草草做决定。如果这份工作不适合你，你可以拒绝。面试在很多时候是一个双向的过程，你要了解这个职位和企业，对方也要了解你。一个职位是否适合你，由你说了算。

得到一份工作时，我们往往只看眼前，因此可能会放弃过去学到的东西，并忽视对未来的影响。

你是否将发挥自己的优势和价值观

　　在探索下一步计划时，要当心那些闪闪发光的东西，例如薪酬高、职位高或办公环境豪华，它们会让你分心，没办法认真思考职业必备条件。从表面上看，这些东西很诱人，当然也并非不重要，但如果日常工作无法让你发挥自己的优势和价值观，这种吸引力可能转瞬即逝。如果你有足够的钱，薪水的增加并不会让你更快乐。普林斯顿大学心理学家丹尼尔·卡尼曼（Daniel Kahneman）和经济学家安格斯·迪顿（Angus Deaton）指出，随着收入的增加，人们的幸福感会有所提升，直到年收入达到约7.5万美元以后，再增加的部分对幸福感的提升没有进一步的影响。在一个曲折的职业道路上，享受旅程比关注目的地更重要，因为现在很难预测目的地在哪里，甚至很难说是否有"目的地"这样的事物。

你是否热爱自己的工作，但是不喜欢上级领导

上级领导对你的工作满意度有很大影响。研究表明，一个人对工作的忠诚度有70%是由他的领导决定的。与领导相处不好往往会导致人们想要换工作。一份令你热爱的工作可遇而不可求，所以如果你喜欢自己的工作，但是与领导之间存在矛盾，那么在跳槽之前，先看看是否有机会改善现状。想一想你是否给了这段关系足够的时间。心理学家布鲁斯·塔克曼（Bruce Tuckman）在有关高绩效团队的研究中指出，许多人际关系在进入"绩效"阶段（工作更加顺畅和自在）之前，都会经历"形成、冲击和规范"三个阶段。如果你和上级领导有着不同的工作风格和价值观，那么双方可能需要更长的时间才能相互理解和欣赏。

另外，你要考虑的事情是向领导反馈你的感受以及对方对你的影响。你可能有些畏惧，尤其如果你所处的不是鼓励反馈的文化环境，但无论谈话的结果如何，你都会决定是否继续维持这段关系。

最后，思考自己是要逃避旧的工作，还是要获得新的工作。承认行动背后的驱动力，这一点很重要。如果你要逃避当前工作的某些方面——例如枯燥乏味的事务、上级领导或组织文化——这可能会影响你的决策质量。而当你因为热爱，或者

符合你的优势和价值观而被一件事所吸引，便更有可能做出一个从长远来看会让你更快乐的决定。

如何打造个人品牌

先想一想品牌为什么会存在。品牌的创建是为了帮助人们选择不同的产品。出色的品牌是与众不同的。它们拥有让你认可、信任并愿意购买的属性、特点和优势。想一想你最有认同感的品牌，你通常愿意主动向其他人推荐和宣传，因为你对它提供的产品或服务充满信心。通过购买和推荐这些品牌的产品，你也在与其他人分享你自己的立场和价值观等。

个人品牌的原理与产品或服务品牌的原理基本相同，只不过你的品牌代表的是你自己。简单来说，个人品牌就是你所代表的事物。

思考一个问题：你希望别人在背后怎样评价你？

创建强大的个人品牌将有助于你在很多方面取得成功。首先，这意味着有趣且相关的机会更容易找上门，你不了解的项目主动朝你走来。其次，其他人将能够自信而准确地向他人推荐你，从而扩大你的人脉并开拓新的可能性。再次，如果你正建立个人品牌，这意味着你将花更多的时间在令自己感到快乐的工作上。

技术的进步使得我们的个人资料在更多地方得到分享和展示。你要确保个人品牌与各处的信息都是一致的，并且反映了自己希望展现的方面，这一点越来越重要。想想你将在哪些地方展示个人品牌，并认真思考它与你想要发挥的影响力是否一致。

个人品牌的5个原则

1. 从你的优势和价值观着手

你的个人品牌建立在你的优势和价值观之上。这些都是真实而独特的"你"，为你的个人品牌奠定了基础。你不需要赢得所有人的好感。选择一两个你真正感兴趣的领域。想想如果被邀请发表TED演讲，你会怎么做，或者你如何在一条推文中描述自己。

2. 个人品牌将始终伴随你

了解了自己的个人品牌后，接下来你需要探索和评估实现个人品牌的不同方式。无论在线上还是线下，个人品牌都将与你如影随形。那些永远不会与你见面的人现在可以对你的个人品牌发表看法。理想的情况下，主业让你有机会在工作中展示个人品牌，而副业可以通过不同方式实现个人品牌。劳伦·科瑞（Lauren Currie）是一家帮助领军人物创造变革的咨询机构的常务董事。劳伦还创办了一个致力于提升人们的自信的组织。此外，在产假期间，她还和丈夫以动物和自然为灵感创建了一个漂亮的书信艺术商店（Letter Love Shop）。在我们见到劳伦前，这些项目让我们了解到了她的个人品牌。我们的印象是，将要见到一个有创业精神、创造力和行动力的人，正如她在领英的个人简介中写的"少说多做"。当我们见到劳伦时，她的影响力与我们的印象相符。她充满了想法和活力，真诚地希望在自己热爱的领域产生影响。

3. 目标与影响力

判断你的个人品牌是否对其他人有影响力的最好办法之一是询问你认识的人，他们会如何向其他人形容你（如果对方在你和另一个人之间相互介绍，你可以有更直观的了解）。高质量的领英推荐是帮助你获得洞察的另一种方法。你可以发现，领英推荐是个性化的，它的内容比较具体，并不仅仅是说某个人适合一起工作。如果你收到很多推荐，可以从中寻找共同的主题。

4. 双赢

培养个人品牌应该对你和组织都有好处。与领导和同事分享你的立场。组织中的其他人将找到新的机会，通过有利于你和组织的方式完善你的个人品牌。如果你的个人品牌与当前职位或组织不一致，你可以通过外部活动（例如副业和志愿服务）在短期内填补这个缺口。最后，如果你的立场与组织产生冲突，你将很难有效地打造个人品牌或使组织获益。

5. 坚持投资

打造任何成功的品牌都需要时间和持续的投资。你的个人品牌不是一项可以从待办事项清单上划掉的任务。这没关系，因为如果你对自己想要追求的东西充满热情，便会享受建立品牌的过程，以及这一路上的积极成果。个人品牌不是一成不变的。随着曲折的职业道路的延伸，个人品牌也会随之发展，有时你甚至会想改变方向。你先设定一个目标，并在接下来的6周内每周做一件事，逐渐建立起你的个人品牌。这件事可以很简单，例如参加一场关于你感兴趣的话题的活动，并与同事分享你的所见所闻，或者在你感兴趣的领域中找到你认为非常出色的3个人，并开始积极关注他们的工作。

如果不在团队中，我要如何证明自己的领导能力

"领导者"的定义正在发生改变。曲折的职业道路在一定程度上是由不断变化的组织环境塑造的，其中层级体系逐渐扁平化，并背离了工业革命时期流行的"指挥和控制"领导方法。越来越多的组织正在采用更加灵活的工作方式，以项目和成果为基础，而不是以组织结构图为基础。一些组织甚至尝试了一种叫作"合弄制❶"（Holacracy）的方法，在整个组织内部

---

❶　合弄制是一个高度自我组织的系统，根据人们所承担的工作（他们的角色），而非所拥有的头衔（他们的职位）来赋予人们决策的权力。——编者注

分配权力，让个人和团队有更多的自由进行自我管理，同时与组织目标保持一致。目前有1000多家组织正在探索这种工作方式，如果你想了解更多信息，可以对美国网络鞋店美捷步（Zappos）进行一些研究，该公司公开分享了他们从这种新的工作风格中学到的大量知识。

> 领导者是由他们所拥有的品质（如好奇心、韧性和适应能力）所定义的，而不是由他们在组织中的职位定义的。

我们共事过的成功的领导者有几个共同点：了解自己，善于倾听并保持好奇心。他们也拥有影响和说服他人的能力，并为自身学习和他人的发展进行投资。好消息是，无论你是否担任领导职务，都可以培养这些技能。如果你提高自己的横向领导力，可以从现在开始培养和展示这些技能。

关于横向领导力的几点建议

志愿活动

你对哪些事业充满热情，哪些事业可以从你的优势中受益并提供培养领导能力的机会？这可以是一种正式的身份，比如成为慈善机构的受托人，也可以是一种非正式的身份，比如在筹款活动中提供帮助，或者为当地球队提供指导等。

帮助解决问题

你的团队或组织面临着哪些大大小小的问题并需要帮助？不一定是比较严重的问题，也可能是一些小麻烦，没人有时间或动力去解决。这些都是展示你的能力和积极性，并与不同的人共事的绝佳机会。我们在过去见到的有关行动包括办公室搬迁、建立新的公司网站、组织团队活动和领导团队培训。

成为导师

想一想，在你的组织中，有谁（个人或团队）会从了解你的技能和经验中受益。你不必等待有人前来寻求指导，而是可以主动联系他人，并询问你是否能以某种方式提供帮助。你可以自告奋勇地在团队会议上发言，或者为新成员提供入职培训。记住，要让上级领导和人力资源团队知道，你有意向积累一些指导经验，看看他们是否认识可以将有需要的人介绍给你。

寻找机会

寻找机会，更多地接触和体验组织中的领导职能。如果上级领导外出度假，这或许是个不错的机会，看看你是否可以为他做些什么。或者如果领导正在赶进度或者忙于一个重要的项目，你是否能暂时承担他的一些其他工作？除了领导，你还可以在其他同事那里找找机会。这有助于你对团队的工作有更广泛的了解，逐渐提高你的判断力，并展示你的好奇心。作为一名领导者，你时常要身兼数职，因此具备灵活性和适应力无疑是一种优势。

不要有愧疚感

如果你正在面试一个领导职务，你必须诚实地回答问题，但不要为自己缺乏领导经验而感到愧疚。从你的优势出发，说明你为什么是这个职位的不二人选，并介绍你自己的横向领导力。想一想与更有经验的领导者相比，你能给这个职位带来哪些新的东西，例如全新的视角、数字体验，以及持续投资于自身发展的意向。

来自成功人士的100条职业建议

在职业生涯中，我们都有幸结识一些才华横溢的人，他们都在自己的职业生涯中取得了巨大成功，比如英国独立电视台首席执行官卡罗琳·麦考尔、诗人索菲亚·塔库尔（Sophia Thakur）、微软英国首席执行官辛迪·罗斯（Cindy Rose）、谷歌公司传播与公共事务副总裁蒂姆·查特文（Tim Chatwin），等等。他们在关键时刻分享了自己的故事、智慧和建议，使我们受益匪浅。当我们需要一点动力，或者把握不好方向时，他们一直在身边提供帮助，并庆祝我们一路走来取得的成功。

我们邀请每个人分享自己的最佳职业建议，尤其是针对本书以及曲折的职业道路这一背景。我们将这些建议整理为几个不同的主题，希望能帮助你获得新的见解和智慧，并像我们一样感到发人深省且鼓舞人心。

做真实的自己

1. 为一个能让你做真实的自己并喜欢去上班的组织工作。探索的过程会耗费一些时间，在找到适合自己的组织之前，你或许要多尝试一些。而一旦你找到了适合自己的文化，你需要表现出正确的态度。保持积极热情，抓住每一个学习和成长的机会。

——卡罗琳·麦考尔

2. 在我18岁时，我从另一位诗人那里得到了一些好的建议。他说，天空有很多星星，而你要关注属于自己的光。在这个社交媒体和海量数据的时代，每个人都更容易陷入与别人做比较的境地，因此这一点尤为重要。他又说道，每一个故事都值得讲述，每一个。关键只在于你讲得有多好。

——索菲亚·塔库尔

3. 别停下梦想的脚步。

——阿米莉亚·卡尔曼

4. 尽量多听取建议，同时你也要从这些建议中进行筛选。你比任何人都了解情况。多接受建议，同时要相信自己的判断。

——罗茜·沃琳（Rosie Warin）

5. 找到你自己的超能力，并进一步提高。

——丹·吉尔伯特（Dan Gilbert）

6. 无论你选择什么职业，都要让自己闪闪发光，只有这样，你的超能力才能显现出来。

——阿德里安·沃尔科特（Adrian Walcott）

7. 在决定换工作时，千万不要为金钱、面试官、招聘人员或朋友所左右。只有你自己才真正知道什么样的环境能让你感到快乐，什么样的工作能让你早上从床上跳起来，什么样的挑战能让你心跳加速。

　　　　　　　　　—— 希瑞林·夏克尔（Sherilyn Shackell）

8. 奈杰拉·劳森（Nigella Lawson）在一次商业活动上提出的建议，让我铭记至今。她说："注意，不要花费一生的时间爬到梯子顶端，却发现梯子靠错了墙。"她所强调的是，一定要考虑清楚，并选择一条与你的价值观相匹配的职业道路，同时还要定期检查这一点，这样你就不会浪费精力在一个让你毫无成就感的领域或工作上。

　　　　　　　　　——阿列克斯·麦克唐纳（Alex McDonald）

9. 要对自己保持绝对诚实，认真思考你看重和不看重什么，以及在生活中想得到什么。你的职业选择一定要帮助你获得想要的东西，避开不想要的东西；让你实现自己的价值观，而不是做出妥协。

　　　　　　　　　——汤姆·汉普森（Tom Hampson）

10. 向前生活，向后思考……我的职业看起来规划得很周详，但我有明确的价值观和目标，帮助我决定做什么和不做什么。

　　　　　　　　　——米歇尔·麦格拉思（Michele McGrath）

11. 你需要根据自己的优先事项有意识地做出选择。随着职业的发展，企业文化、直接领导和价值观变得越来越重要。永远不要低估自己。如果你看不起自己，其他人也会看不起你。

——卡门·兰德尔（Carmen Rendell）

相信自己的直觉

12. 相信你自己的直觉。直觉是你内心的指南针，你必须学会听从它的指引。周围的人会教你应该如何做事，并告诉你该走哪条路。你需要接受他们的建议和指导，但归根结底，你应该依靠自己的直觉来指引你的职业和生活。

——霍利·塔克（Holly Tucker）

13. 我认为，人们常常低估直觉的力量，尤其是在技术方面，但实际上，人类是复杂的"机器"。我们每天接受数十亿条信息，并将其整合为直觉——多么不可思议啊！我想这就是为什么史蒂夫·乔布斯会说："直觉比智力更强大！"

——皮普·贾米森

14. 永远相信你的第一直觉。每次我在工作上做了错误的决定，都是因为我忽略了自己的直觉。

——罗伯特·菲利普斯（Robert Phillips）

15. 相信你的直觉并付诸行动——鼓起勇气，在会上分享有趣的想法，或者将睡前想出来的点子付诸实施。你要相信，产生这些想法或直觉是有原因的，所以要大胆行动起来。你可以轻松地从其他人或事物那里找到答案——但是别忘了，最棒的答案永远在你心里。

　　　　　　　　　　——杰西·拉特克里夫（Jess Ratcliffe）

16. 我的最大建议是听从你的直觉。我所爱和尊重的每一个人都告诉我，与僧人一起创业简直是疯了。他们甚至进行了干预。他们给我这样的建议是因为爱我，希望我做出安全的选择。正确的选择永远不会让人感到安全，它应该让人感到恐惧，但与恐惧并存的是一种信念，即没有其他的路可走。我们都能明白这个道理；关键在于是否有勇气听从自己的内心。如果不听自己的话，还能听谁的？

　　　　　　　　　　——里奇·皮尔森（Rich Pierson）

17. 永远不要忽视自己的直觉。不要拿自己和别人相比。好好休息，提高自我意识，并培养一项与工作无关的爱好。善待每一个人，无论他们的地位如何。像欣赏自己的成功一样承认自己的失败。要知道，如果你愿意认真思考，失败也会产生魔力。最重要的是做你自己。

　　　　　　　　　　——卡洛琳·凯西（Caroline Casey）

18. 我相信，作为一名领导者，我90％的时间都在"偏离正轨"，但是就像开车一样，我通过不断地调整和干预，使自己保持在一条窄窄的直线上。一点小的调整都能够改变你的命运。

　　　　　　　　　　　——杰奎琳・德・洛哈斯（Jacqueline de Rojas）

不仅要关注工作内容，还要注重工作方法

19. 你在重要的事情上熟练度越高，就越有可能找到更好的工作机会。如果你在花时间培养具体能力之前就试图寻找毕生的使命，那么你不太可能找到一条真正精彩的道路。使自己变得优秀，让其他人无法忽视你，这往往是走向充满激情和意义的职业生涯的第一步。

　　　　　　　　　　　　　——卡尔・纽波特（Cal Newport）

20. 声誉的基础是你做了什么，而不是你说自己会做什么。交付成果最重要。别忘了，从来没有人希望能在办公室多待一会儿……好好利用自己的时间。

　　　　　　　　　　　　　——戴维・琼斯（David Jones）

21. "要心无波澜地生活。"这句话塑造了我对工作的看法。当我要经历一次较大的变动时，它让我有了更大勇气，但它也

提醒我，工作和与人相处的方式同样重要。

——塔什·沃克（Tash Walker）

22. 工作要努力，但不要机械地努力。

——罗茜·布朗（Rosie Brown）

23. 在工作和生活中保持诚信会让你取得成功。对你的团队、客户和自己诚实。

——凯蒂·惠（Katee Hui）

24. 多走一小步。如果让你多走一千米，你可能会泄气，尤其对于已经付出了全部精力的人来说。那多走一小步怎么样？很小的一步。很容易实现。你要发送简历吗？多点击一下鼠标，你就可以找到关于对方的更多信息。要阅读一些行业研究成果？直接翻阅文献来源部分。这一步很小，但我发誓，它会带来极大的变化——你会因此脱颖而出。

——詹姆斯·沃特利（James Whatley）

25. 当出了岔子时，有些人会走开，而有些人会"站出来"。如果你站了出来，便有机会走出孤岛，发现关于层级制度和预算的旧规则不再适用，并看到现在是开展变革的最佳时机：你的创新能力、好奇心和创意得到了回报。你能够脱颖而出，在混乱的局面中做出改变。所以，寻找问题，并提出解决方案。

———阿列克斯·科尔（Alex Cole）

26. 自从多年前获得指点以后，我始终坚信一句话："在网上保持冷静。"通常，我们会发现自己处于非常激烈的局势中。同时有数十件事在发生。周围的人高声喊叫并感到恐慌，你的情绪很容易受到感染，你甚至会无意识地在无线电台中发出恐慌的声音，将这种情绪进一步传播给同事。他们做出了糟糕的决定，也无法正常驾驶。这对我们来说可能是灾难性的，甚至是致命的。在通过无线电台或面对面向其他队员和警长通报最新情况时，保持冷静是非常重要的。这有助于让同事也保持冷静，激发他们的自信。

———保罗·罗比利亚德（Paul Robilliard）

27. 人们往往记得你是如何完成而非开始一项工作的。没有人会在刚入职的第一个月创造价值，这个时期主要是学习和适应。然而，你离职的方式才是对你品性的真正考验，你可以通过交接工作为他人创造很多价值。你留下的是自己的工作成果，要认真检查细节，确保万无一失，之后便可以堂堂正正、昂首挺胸地离开。

———凯特·沃尔（Kate Wall）

28. 你或许不是办公室里最聪明的人，或许不是最有经验或才能的人。但你可以成为最有热情的人。

——马特·库克（Matt Cook）

为人脉投资

29. 创办公司的灵感来自马德琳·奥尔布赖特（Madeleine Albright）的一句名言："地狱里有一个专门的场所，为那些不帮助其他女性的女性而设。"在公司，我们遵循这一信条，我们所做的一切都是为了女性获得成功。我们以"工作姐妹关系"为指导原则，并且鼓励女性在职业生涯中尽早开始建立属于自己的工作姐妹关系。一个能提供支持的对等关系网的影响力不容小视。

——安娜·琼斯（Anna Jones）

30. 人们不太可能关心你的需求，除非你关心他们的需求。如果你允许别人早点下班去接孩子放学，他们会加倍地回报你。

——杰夫·菲普斯（Jeff Phipps）

31. 不管你从事什么职业，一定要为你的客户和同事着想。你对这两类人的了解和与他们的关系将最终决定你的成功，因为业务的核心就是人际关系。

——奇拉·斯诺宝

32. 一位好友和领导力教练曾对我说："你的决定要无情，但执行要有人情味。"我对此的理解是，要关心他人。无论你从事什么工作，或者做出哪些艰难的决定，都要尊重他人。

——安妮-玛丽·麦肯农（Anne-Marie McConnon）

33. 永远要做团队的合适人选，而不是工作的合适人选。

——勒内·卡拉约尔（Rene Carayol）

34. 有些人会消耗你的能量，还有些人会给你提供能量。尽量与后者为伍，这样你的职业道路才会更加有趣和富有成果。

——凯伦·麦迪森（Karen Mattison）

35. 只雇用那些比你优秀的人，我每天都这样挑战自己。

——马克·博伊德（Mark Boyd）

36. 永远不要与同事吵架，因为你们未来的职业道路说不定还会交叉。

——朱迪斯·萨林森（Judith Salinson）

37. 你能对老板说的最好的话就是："我会帮你处理这件事。"
如果你能为他们分忧解难，你将成为下一次晋升的首选。

——凯特·巴塞特（Kate Bassett）

有行动和决策的勇气

38. 我始终坚信奥斯卡·王尔德（Oscar Wilde）的一句话：
"朝着月亮飞去。即便你错过了，也将置身于繁星之中。"
对于工作，"不错"对我来说还不够好。我周围都是充满激
情且有雄心壮志的人，他们努力将工作做到最好。技能是可
以学习的，但能量、雄心和热情完全来自自身。我不介意
偶尔达不到目标，因为在我们追求"辉煌"的时候，能达
到"不错"的水平已经很棒了。

——丽莎·斯莫萨斯基（Lisa Smosarski）

39. 请求原谅，而非许可。制定自己的路线，并且记住，你在工
作中可能犯的最大错误是相信事情原本如此。改变旧的规则只
需验证你提出的新规则。

——萨姆·康尼夫·阿连德（Sam Conniff Allende）

40. 回首往事时，说"我不敢相信我做了那件事"要比说"我
希望我做了那件事"更好。不要让时间白白流逝。不要把

余生都花在思考为什么没有去做本来可以做的事情上。过你想要的生活。去冒险。

——卡尼亚·金（Kanya King）

41. 企业家的最大特点是喜欢不确定性。每一天都有可能像是充满起伏的过山车；把每一次经历都当作学习的机会。

——拉吉布·戴伊（Rajeeb Dey）

42. 永远都不要放弃。当我试图说服全球各大机构，可持续发展是唯一的选择时，有人朝我大喊，忽略我，侮辱我，甚至用法律来威胁我。但我坚信，人类能够实现可持续发展的未来，这个信念使我坚持下去。我们都需要追随自己的热情。人类的星球也是属于我的。

——萨利·尤伦（Sally Uren）

43. 到了最后，一切都会好起来的，所以如果现在不够好，那就是还没到最后。

——哈略特·普莱德尔–布弗里（Harriot Pleydell–Bouverie）

44. 接受一切机会，永远坚持自我。

——凯蒂·凯莱赫（Katie Kelleher）

45. 我发现，除非你真的让自己感到恐惧，否则你不会真正成长。第一次在一大群人面前演讲，加入一个目标宏伟的大项目，或者在男性主导的董事会中坚持立场，这些都需要你走出舒适区，考验你的勇气，并发现你能产生多大的影响力。所以，恐惧会促进成长，让你变得更强大，并帮助你意识到每一步都很大，但并非不可能的。有时候，当你尝试迈出这样一步时，可能会失败，但你会站起来再试一次。这就是韧性和决心。

　　　　　　　　　　——爱德维娜·邓恩（Edwina Dunn）

46. 与其对得无聊，不如错得有趣。

　　　　　　　　　　——达尼埃莱·芬达卡（Daniele Fiandaca）

47. 宁可为做过的事后悔，也不要为没有做的事遗憾。

　　　　　　　　　　——凯特·斯特拉克（Kate Straker）

48. 勇敢一些。提出你心中的问题，主动迎接新的机会，在你认为需要变革的时候大声说出来。勇气和正直是领导者最突出的标志。

　　　　　　　　　　——蕾切尔·艾尔（Rachel Eyre）

49. 找到一种有效的方式来挑战周围人的假设。这些假设无处

不在，很容易被误认为真理，也会导致你做出错误的
选择。

——亚当·摩根（Adam Morgan）

50. 要有勇气利用集体智慧取得成功，并对此持开放态度。它
为你的团队创造了一个更包容——因此更加振奋人心——
的环境，同时让你对自己的路更有信心。

——玛丽娜·海顿（Marina Haydn）

51. 无所畏惧，勇于冒险。对所有的可能性持开放态度；不要
因为你觉得自己不够好就放弃一些东西。把自己推出舒适
区。有时候，一点恐惧可以鼓励你勇敢地面对挑战。你可
能会给自己一个惊喜。

——辛迪·罗斯

52. 谢丽尔·桑德伯格说："如果你在宇宙飞船上得到了一个座
位……那就坐上去吧。"这句话激励我做出了最好的职业
决定。

——埃玛·罗伯茨（Emma Roberts）

53. 做出重大的职业改变需要勇气。如果失败了，你需要接受这
个结果，而且不要将它视为失败，因为实际上，你获得了很

多经验教训，所以仍然取得了进步。

——约翰议员（Jonny MP）

54. 激情和勇气。为了实现远大的目标，你需要充满激情和勇气。要有激情，因为你必须展现出克服障碍的内在动力；要有勇气，因为你将把自己带出舒适区。

——林迪·佩恩（Lyndy Payne）

55. 感受恐惧，无畏前行。

——克莱尔·希尔顿（Claire Hilton）

把学习放在第一位

56. 在职业生涯的早期，不要选择最令你感到快乐的工作；选择让你成长最快的工作。投资于学习是你可以做出的最重要的职业选择。随着职业的发展，不要选择最令你感到快乐的工作；选择你将发挥最大影响力的工作。知道自己的工作会产生重大影响，这将给你带来强烈的使命感。

——亚当·格兰特

57. 如果你在工作中感觉过于舒适（一旦停止学习，你就会感受到），那么你需要探索一些新的东西，让自己兴奋起来

并且不再舒适。如果一个机会让你感到兴奋，不要犹豫，
行动起来。

——蒂姆·查特文

58. 学习永无止境。世界变化如此之快，你能掌握的最重要的
技能是适应能力、学习心态和对于推动这种变革的技术的
理解。谁能说每周花8个小时在应用学习上不比参加会议或
发送电子邮件更能提高工作效率呢？不仅如此，它还能让
人感到更加快乐。学习就是现在的工作。

——凯特琳·帕森斯（Kathryn Parsons）

59. 为你自己的职业发展投资，不要期待雇主为你做这件事。
如今，终身学习成为一项关键的就业技能。研究表明，在
几十年的职业生涯中，你需要不断完善知识体系，或者重
新接受六次全新的培训才能跟上时代的脚步。这是一个可
怕而清醒的想法！随着数字技术的飞速发展，再培训和持
续完善职业技能成为重中之重。

——尼基·科克伦（Nikki Cochrane）

60. 成就更大的事业。我认为，你的一个主要目标应该是继续
学习，创造更多价值，以及尽量积累更多企业和背景经验，
从而成就更大的事业。通过这种方式，你更有可能实现超出

预期的目标，你将实现自身和职业发展的提升，也将成为提拔的不二人选。不要拘泥于现状，抓住眼前的机会。

——杰克·罗曼（Jack Lowman）

61. 思考三个问题：你是否在持续学习，挣的钱够吗，觉得开心吗？如果有两个问题的答案是肯定的，想想怎样能完善第三个。如果只有一个甚至没有答案是肯定的，是时候做出改变了。

——瑞贝卡·克拉兰（Rebecca Crallan）

62. 顾好首要任务。这并不意味着要极为谨慎地利用自己的时间，而是要积极地管理自己的职业道路，而不是依赖别人帮你安排好。最好的方法是让别人就你的表现提供反馈。但很多人都没有认真考虑过这一点，这时常令我感到惊讶。别人是否觉得向我提供反馈是一件轻松的事？从1~10，他们会给我打几分？如果只有6分，我要如何继续完善？只有你才能帮助自己提高。

——马特·金顿（Matt Kingdon）

63. 你可以在职业生涯中拥有一切，只是不一定同时拥有。在脸书公司，我们将职业生涯比作"丛林健身房"。你必须以最适合自己的方式穿过它。追求精进而非完美，这样你就永远不会停止学习。

——卡洛琳·艾弗森（Carolyn Everson）

64. 你的职业生涯代表着你所有共事过的人和学到的知识的总和。

——琼·鲁多（Jon Rudoe）

65. 首先要感兴趣，其次要变得有趣。

——菲尔·吉尔伯特（Phil Gilbert）

66. 你需要为了自己和同事而不断学习。学习一旦停下来，便需要再次启动。

——莎拉·金（Sarah King）

67. 任何一位优秀的心理学家，乃至所有人，都要学会探索自己未知的领域，而不是表现出自己无所不知。只有这样，你才能真正感到好奇，收获惊喜，并受到其他人的启发。

——本·黑格（Ben Hague）

68. 我做过的最好的决定就是优化自己的学习生涯。这与薪水、地位、晋升或职业，以及有关职业发展的其他方面无关。我只是沿着我能想到的最陡峭、最积极的学习曲线前进，并尽我所能去攻克它。当曲线变得平缓时，我会想办法让它再次变陡。这并不意味着我每次都是成功的——事实上，失败的次数可能更多——但这让我面对了大量不同的挑战，获得了丰富的经历，这些挑战和经历塑造了我的个人职业形象。

——罗布·奥多诺万

69. 问问自己：你的工作中是否有一些趣事，可以讲给朋友和家人？如果没有，或许你该做一些改变了。找一个能再次点燃你童年时的好奇心的新工作，因为人正是通过好奇和探究的心态学会了新的东西，这既让我们感兴趣，也让我们变得有趣。

——汤姆·塔珀（Tom Tapper）

设计一条适合自己的职业道路

70. 开辟自己的道路，并坚持走下去。这并不意味着你要盲目地向前走，而是不要被别人的所作所为干扰。与人做比较是一种正常的人类行为，很难克制或避免，但将它转化为灵感，成为我最重要的工具。我不再去思考："为什么那个人有我想要的东西？"而是会想："好酷啊，那个人成功了！我该怎样做才能得到相同的结果？"

——艾玛·加侬

71. "做你喜欢的事"，这个建议虽然看起来很有吸引力，但也会给我们带来负担。并不是所有人都能做一份似乎有关毕生使命的工作。对我来说，对职场人士最好的建议是，坚持寻找一些更能让自己感到兴奋的事来做，但不要过分苛责自己。当我刚刚入职谷歌公司时，我只想从事关于"油管网"的工作。但当时没有"油管网"团队，所以我会在午休时间帮忙。分享事实，收集信息，传播有趣的研究成果。当一份工作出现时，谷歌英国公司的负责人说："布鲁斯似乎是合适的人选。"

——布鲁斯·戴斯利

72. 如果你对自己的职业不满意，那就换个方向，爬上一个值得攀爬的梯子。不要等待完美的时机，在你准备好之前就去做——时间不会倒流。所以，不要让金钱左右你的职业决定，它只是你应该考虑的诸多因素之一。

——劳伦斯·麦卡希尔（Laurence McCahill）

73. 即使你的工作不是朝九晚五，也不要试图每周请一天假。工作还是那么多，但你的工资会减少20%。寻找其他方法来兼顾工作和家庭。

——萨拉·本尼森（Sara Bennison）

74. 选择一家能在智力上挑战你的公司，而不是一家能给你高薪的公司。我主动选择了一家薪酬较低，但工作更有趣、更具挑战性的公司，这正是实现个人飞速发展的动力。

——丹·穆雷–赛尔特（Dan Murray–Serter）

75. 研究一下，你想为谁工作，为什么，以及如何让对方离不开你。

——塔玛拉·辛西克（Tamara Cincik）

76. 当我在考虑职业选择时，我总会问自己，某件事将为我未来的生活打开更多的可能性，还是关闭了更多窗口。缩小范围并非坏事，但一定要深思熟虑。

——莎拉·沃比（Sarah Warby）

77. 尽管开始去做。要规划出一条完美的职业道路比以往任何时候都困难，所以尽量有一个好的开始，在此之后不断调整自己的想法和目标，直至找到适合自己的道路。

——史蒂芬·沃森（Steven Watson）

78. 我坚信，一个人必须完全掌控自己的职业生涯。在我看来，这是实现成功的一个不可妥协的条件。你的职业是"属于你的"，它不属于你的公司、直属上级、导师或教练，甚至不属于你的家人、朋友或同事！

——马克·布雷顿（Mark Brayton）

79. 当你开始寻找一份新工作时，一个重要的心态变化是，在企业面试你的同时，你也在面试对方。做好相应的准备，并牢记三个不可妥协的原则：你要有幸福感、成就感并能够最大限度地发挥自己的价值。然后提一些问题，进一步了解该企业是否能够满足这些要求。

——克莱尔·博蒙特–亚当（Claire Beaumont–Adam）

80. 不要让宏大的计划或野心妨碍你现在做出正确的决定。扪心自问："这份（新）工作在未来两年是否会提升我的知识、技能和经验？""我能做好吗？"如果这两个问题的答案都是肯定的，那就去做吧！

——贾斯汀·金

81. 没有人像你一样关心你的职业发展。

——阿梅莉亚·托罗德（Amelia Torode）

82. 你永远不知道自己想要做什么，但是如果你发现自己从事的工作并不是你想要的……赶快脱身！

——威尔·巴特勒–亚当斯（Will Butler–Adams）

83. 不要限制你自己。你面前也许有很多工作和职业机会，但无论它们以怎样的方式出现，你要从中寻找尝试新事物的可能性。

　　　　　　　　　——戴维·麦昆（David McQueen）

84. 勇敢点。前方的职业道路还很长。当你现在所从事的工作不再有乐趣时，你要改变它，并重新塑造自己。我们每个人都有多种职业方向。

　　　　　　　　　——维多利亚·福克斯（Victoria Fox）

85. "做一个决定，然后将它付诸实践。"——这对我来说尤其有用，因为我非常优柔寡断，甚至会在每件事上纠结数小时。

　　　　　　　　　——卡莉·朗顿（Carrie Longton）

合理利用时间

86. 从今天开始，做一些小而简单的事。如果你做不到，可以向其他人请教。

　　　　　　　　　　　　　　——劳伦·科瑞

87. 假设你是一位90岁高龄的老人，坐在公园的长凳上，正在回首过去。你最看重的是什么？

——阿曼达·麦肯齐（Amanda Mackenzie）

88. 了解自己的兴趣爱好，并做你喜欢的事。在这个有趣的世界里，我们很容易分心，把"忙碌"和"高效"混为一谈。当我思绪混乱或注意力不集中时，做任何事都需要更长时间。

——尼基·拉比（Nicky Raby）

89. 就像投资者思考金钱一样，认真思考你的时间。你的职业生涯时间非常有限，因此你要随时思考：我如何利用自己的时间追求好的结果，我在哪方面产生影响力，以及如何最大限度地从中获得回报？

——本·泰森（Ben Tyson）

90. 除非你是一个钟表匠，否则对你来说，时间是衡量工作的一个非常糟糕的标准。尤其如果你的工作以思考为主。如果你每天只做一件伟大的事情，就代表了一整天高效的工作。可能只需几次灵感的迸发就能实现。如果是的话，那么对你来说是件好事。因为你在一天中只需花费这么点时间。

——马克·伊夫斯（Mark Eaves）

91. 完成总比完美好。工作总有改进的空间，但是如果执意要做到完美，就可能会错过机会。

　　　　　　　　　　　——劳拉·米蒙（Laura Mimoun）

92. 不断汇报你的进展，避免说大话。如果你一味承诺却没有任何成果，就会被视为不可靠的人，不如只做不说的人值得信赖。

　　　　　　　　　　　——凯特·兰德（Kate Rand）

照顾好你自己

93. 尽你所能地兼顾好一切——实现精神上的富足和物质上的回报，照顾好自己和他人，与同事、家人和朋友建立良好的关系，发挥自己的优势并进一步拓展自己，制定远大的目标，同时享受当下。多用"并且"，少用"或者"。

　　　　　　　　　　　——安迪·伯德（Andy Bird）

94. 让你的身心健康成为你的头等大事，经常思考以下问题：我是否在持续学习？我是否有所成长？我是否从低谷中走了出来？我的目标明确吗？我是否感到自豪？我是否与人为善？我是否感到快乐？

　　　　　　　　　　　——米歇尔·摩根（Michelle Morgan）

95. 我们一生中有很大一部分时间都在工作。如果你想过上充实的生活，那么工作应该成为你的头等大事——这没有什么可惭愧的。如果你感觉工作没那么重要，或者你对工作没有投入情感，那么你需要做出改变。

——杰克·格雷厄姆（Jack Graham）

96. 你不需要总是有答案。你可以说："我不知道，但我可以去研究一下，然后回复你。"你可以坐下来听对方说话，不必做补充。你也可以晚些时候告诉对方："我一直在思考这个问题，并有了一些心得。"即使讨论的节奏很快，你也可以在别人说话之前深呼吸，或者给他人思考的空间。

——马修·奈特（Matthew Knight）

97. 告诉自己：深呼吸，了解自己所处的位置，分析目前的工作，庆祝已有的成果。

——阿迪·阿尔法（Adi Alfa）

98. 2008年金融危机之后，我在客户身上发现了一件事：那些表现出韧性和快速恢复能力的人，都有一些工作之外的爱好。这一点非常明显。那些将自己所有时间都用来痛苦地"拯救事业"的人，似乎都让自己和企业陷入了困境。

所以,画画、唱歌、跳舞、烘焙、编织、跑步、阅读、远足、打球、钓鱼——你可以培养任何爱好。从职业角度来看,这些爱好不是奢侈品,而是必需品。

——詹姆斯·希利(James Healy)

99. 了解自己需要哪种动力。如何到达目的地,如何实现目标,如何确保你在当前的道路上继续前进?你今天需要什么补给?你需要什么工具,需要在什么环境下工作,需要采取哪种休息方式?

——伊恩·桑德斯

100. 在创造性实践中,有时不同的创意会相互关联,帮助你获得清晰而深刻的洞察力,但在短暂的兴奋过后,你往往要从事长时间的研究、实验和枯燥的工作。我尽量不急于将任务完成,因为这种满足感是转瞬即逝的。亲自参与工作中的每一个增量行动,这可以带来更大的成就感。过程最重要,所以要从中寻找乐趣。不管怎样,工作永远没有完成的时候。

——马克斯·沃伦(Max Warren)

最后，来自我们两个人的建议：

永远不要重复上一年所做的事。

——莎拉

跟随你自己的节奏。

——海伦

致谢

"神奇的如果"项目远不止我们两个人，我们要感谢一路上加入这一旅程的每个人。所有人员、团队和组织都在帮助我们测试、调整和使用工具，并应用到工作中，他们的贡献使本书得以完成。从参加第一次发布活动的人，到提供支持的在线社群，再到愿意冒险走上不同发展道路的全球客户，我们由衷地感谢每一个人。

在工作和育儿之余写书，对我们来说是一项具有挑战性的任务！我们的合作伙伴、朋友和家人始终在身边提供支持，让这本书成为现实。我们尤其感谢海伦的丈夫加雷斯和莎拉的伴侣汤姆。他们给了我们写作的时间和空间，并承受着一切——他们连续几星期看不到《权力的游戏》（*Game of Thrones*），连假期都要经常被我们的写作打断。加雷斯、汤姆，你们真的很棒——感谢你们。

职业道路越曲折，我们就越享受。亲自践行我们所倡导的理念是一个重要的原因，但除此之外，我们工作过的组织和共事过的人也在接受这个理念。我们要向迄今为止在职业生涯中遇到的每个人，以及激励和挑战我们不断学习和成长的人表示深深的感谢。在你们的帮助下，我们的工作蒸蒸日上。

编辑莉迪亚从始至终一直支持着我们和这本书。她多次重复本书中的每一个练习，并且为自己和我们设定了很高的标准，在此基础上，一本好的作品得以问世。莉迪亚，没有你，我们不可能做到这一切。

最后，我们要感谢彼此。与最好的朋友和商业伙伴合著一本书从很多方面看都暗藏危机，但在这个过程中，我们从新的角度看到了彼此的优势。海伦的能量、视角和积极的心态给了我们开始的动力，而莎拉的创造力、深度思考和全心投入给了我们完成这本书的勇气。多年前我们有幸相识，并且很高兴能够在帮助所有人享受更好的工作的过程中能够携手探索未来。

规划你的职业道路